税務署もうなずく

相続税の税務調査対応テクニック

税理士法人チェスター 編

中央経済社

はしがき

　税務調査の中でもとりわけ相続税の税務調査（実地調査）については，調査官が個人宅に臨場し，その質問検査がプライベートな内容にまで及ぶことから，法人税などの調査に比べて納税者の負担はどうしても大きなものとなってしまいます。

　したがって，税務調査は，このような納税者の負担をできるだけ最小限にとどめるように行われるべきです。

　また，そもそも税務署が税務調査を行うことができるのは，法律の規定によりその権利が認められているからであるということを忘れてはならず，その法律で認められている範疇を超えて，不当な調査が行われようとした場合には，「法的根拠」に基づいて毅然とした対応をとることが必要です。

　このような観点から法律を見てみると，意外と「税務署も法律に縛られている」部分があることに気づくことができるのではないかと思います。

　税法というと一方的に納税者を縛りつけるものといった印象が強いものではありますが，法律では，納税者の権利を保護する観点から，税務当局に対しても一定の縛りを与えているのです。

　あとは，実際にこのような法律に基づき税務調査を実施する税務署の調査官やその対応をするわれわれ税理士が，法律を正しく理解し，法律に基づいた税務調査が正しく執り行われるようにすることが大切です。

　このような姿勢が，ひいては申告納税制度への信頼につながり，また，法治国家であるわが国の税務行政の在り方としてふさわしいものとなるのではないかと思います。

そこで本書では，平成23年12月の国税通則法の改正をはじめとして，近年急激に変化する税務調査を取り巻く環境について，法令等の内容を中心に，第1部で「税務調査の基礎知識」として詳しく解説させていただいた上で，第2部では，特に「税務当局に対する縛り」に着目し，Q&A形式で具体的な「"法的根拠に基づく"税務調査の対応方法」をご紹介しております。

また，本書では，法律（施行令，施行規則を含みます）の規定のみならず，税務当局に対し反論をする上で，税務当局に対する法的な拘束力を持つ通達，事務運営指針，判例，裁決事例なども同列に「法的根拠」として扱っております。

最後になりますが，本書を出版する機会を与えてくださいました株式会社中央経済社の皆様，ならびに，本書を執筆するにあたり多大なるお力添えをいただいた，株式会社中央経済社の大橋昌史氏にこの場を借りて心よりお礼申し上げます。

平成30年4月

税理士法人チェスター

目　次

はしがき・i

第1部　税務調査の基礎知識

第1章　税務調査の基礎知識——————————————2

　　1　税務調査の種類・**2**

　　2　質問検査権・**9**

　　3　国税局査察部（マルサ）について・**14**

　　4　書面添付制度と意見聴取・**17**

　　5　附帯税・**21**

　　6　除斥期間・**28**

　　7　KSKシステムと税務調査対象の選定基準・**31**

第2章　相続税の税務調査の近年の動向——————————36

　　1　近年の税務調査件数などの統計データ・**36**

　　2　平成23年12月の国税通則法の改正・**40**

　　3　行政不服審査法の改正に伴う国税通則法の改正・**53**

　　4　平成29年度税制改正―国税犯則取締法の廃止と国税通則法への編入・**63**

　　5　海外事案の調査について・**67**

　　6　平成29事務年度以降の相続税税務調査選定基準の見直し・**78**

II

第3章　相続発生から税務調査までの流れ──────────**82**

　　　1　通常の税務調査の流れ・**82**

　　　2　税務調査の実施時期・**95**

第2部　税務調査への対応テクニックQ&A

第1章　税務調査前──────────────────**100**

　　　1　キーワードは「更正の予知」と「調査通知」・**100**

　　　2　調査に該当するものとしないもの・**108**

　　　3　自宅以外での調査や相続人の立会がない調査，相続人以外
　　　　の立会は可能か？・**117**

　　　4　無予告調査への対応・**122**

　　　5　身分証明書・質問検査章の提示義務・**128**

　　　コラム①　税務調査に入られづらい申告書の作成テクニック・
　　　　133

　　　　　1　添付書類は"わかりやすく"，"丁寧に"つける・133

　　　　　2　税務署に"隠すべき書類"と"あえて見せるべき書類"・133

　　　　　3　預金移動調査のやり方・134

　　　　　4　少し複雑な評価には事情説明書を添付する・135

　　　　　5　書面添付制度を活用することで調査率が格段に減少・136

　　　コラム②　意味がない!?　税務調査対策・**138**

　　　　　1　国税OBの偉い税理士に口利きしてもらう・138

　　　　　2　情報は隠せるだけ隠して申告・138

第2章　税務調査時（税務調査での対応テクニック）────**140**

　　第1節　税務職員の不当な調査への対応・**140**

　　　　1　税務職員の通達違反は国家公務員法違反・**140**

2 高圧的な調査官への対応―請願法に基づく請願・納税者支援調整官への通報・**145**

3 違法調査による国家賠償訴訟・**153**

4 資料の留置きは強制？・**157**

第2節 質問検査権関係・**165**

1 相続税調査における質問検査権の範囲・**165**

2 税務調査に黙秘権はあるのか？・**168**

3 職務上の守秘義務（医者や弁護士など）と質問検査権の受忍義務はどちらが強い？・**172**

4 調査官にパソコンを見せてくださいと言われたら？・**178**

5 金庫を調べられた場合の対応テクニック・**180**

第3節 その他・**183**

1 立証責任はどちらにあるのか？・**183**

2 質問応答記録書に署名押印を求められたら？・**195**

3 税務署の指導に基づく処理を否認されたら？・**198**

4 国税の予納制度・**203**

（コラム③） 法的根拠に基づかない対応テクニック・**206**

　"エサ（資料）"を用意して時間稼ぎ・206
　〈資料〉税務調査の想定問答集

第3章 税務調査後（税務調査後のテクニック）――**208**

1 再調査の要件，範囲・**208**

2 理由附記の不備による更正処分の取消し・**215**

3 審判所の裁決と課税庁への拘束・**219**

4 不服申立てと不利益変更の禁止・**223**

5 加算税のみの不服申立て・**228**

6 更正の請求期間を徒過した後でも税金を取り戻せる？・**230**

凡　例

本書中の法令・通達等は以下の略称を使用しています。

（例）
- 正式名称：相続税法第12条第1項第3号
- カッコ書き：（相法12①三）

（条文，通達の省略例）
- 民　　　…　民法
- 相　法　…　相続税法
- 相　令　…　相続税法施行令
- 相　規　…　相続税法施行規則
- 相基通　…　相続税法基本通達
- 財基通　…　財産評価基本通達
- 措　法　…　租税特別措置法
- 措　令　…　租税特別措置法施行令
- 措　規　…　租税特別措置法施行規則
- 措　通　…　租税特別措置法関係通達
- 国通法　…　国税通則法
- 国通令　…　国税通則法施行令
- 国通規　…　国税通則法施行規則
- 国基通　…　国税通則法基本通達
- 国犯法　…　国税犯則取締法
- 国賠法　…　国家賠償法
- 国公法　…　国家公務員法
- 調査通　…　国税通則法第7章の2（国税の調査）関係通達の制定について（法令解釈通達）

凡　例　**V**

- **不服通** … 不服審査基本通達（国税庁関係）
- **国調法** … 内国税の適正な課税の確保を図るための国外送金等に
　　　　　　　係る調書の提出等に関する法律（国外送金等調書法）
- **国調令** … 内国税の適正な課税の確保を図るための国外送金等に
　　　　　　　係る調書の提出等に関する法律施行令
- **実特法** … 租税条約等の実施に伴う所得税法，法人税法及び地方
　　　　　　　税法の特例等に関する法律
- **関税法** … 関税法
- **関税令** … 関税法施行令
- **憲　法** … 日本国憲法
- **行審法** … 行政不服審査法
- **行手法** … 行政手続法
- **行訴法** … 行政事件訴訟法
- **戸籍法** … 戸籍法

（裁判例，裁決事例の省略例）
- 東京地方裁判所平成20年1月1日判決
　→（東京地裁H20.1.1）
- 東京国税不服審判所昭和55年12月31日裁決
　→（東不審S55.12.31）

（個別通達，事務運営指針，タックスアンサー，FAQの略称例）
- 国税通則法第7章の2（国税の調査）関係通達の制定について（法
令解釈通達）第2章2－1「留め置きの意義等」
　→（調査通2－1）
- 調査手続の実施に当たっての基本的な考え方等について（事務運営
指針）第2章 基本的な事務手続及び留意事項　2 事前通知に関す
る手続（1）事前通知の実施
　→（事務運営指針第2章2（1））

VI

- タックスアンサーNo.7210 「不服申立て」ができる場合，できない場合
    → （タックスアンサーNo.7210）
- 税務調査手続に関するFAQ
    税理士向け→ （FAQ税理士）
    一般納税者向け→ （FAQ一般）
    職員向け→ （FAQ職員）

第**1**部

税務調査の基礎知識

2　第1部　税務調査の基礎知識

第1章

税務調査の基礎知識

1　税務調査の種類

　一言で「税務調査」といってもいくつかの種類があり，大きく分けて「任意調査」と「強制調査」の2つがあります。

　また，調査の開始から終了に至るまでにはいくつかの過程があり，その内容ごとに呼び方があります。

　調査を行う担当官も，申告書を提出した税務署所属の担当官である場合や，国税局所属の担当官である場合など様々です。

（1）任意調査

　任意調査は，「間接的な受忍義務」（詳細は次項参照）が課せられていますが，あくまで納税者の同意のもとに行われる調査です。

①　準備調査

　準備調査とは，調査官が実地調査に入る準備のために行う調査のことをいいます。

　納税者から提出された申告書や根拠資料の内容が精査され，調査対象の問題点や調査項目の洗い出しが行われます。

　この準備調査も税務調査の一種ですので，過少申告加算税等の賦課を判断する場合における「更正の予知」にあたっては，国税通則法第65条第5項に規定する「調査があったことにより」の「調査」に該当するこ

ととなります。

② 実地調査
　準備調査は基本的に机上で行われるのに対し，この実地調査は，実際に調査官が被相続人の自宅等に臨場して行われるものです。

(一) 一般調査
　最も一般的な税務調査の方法です。

　無予告調査とは異なり，多くの場合事前通知が行われ，納税者や税理士と日時を調整の上で，調査官が被相続人の自宅等を訪れて行われます。

　相続税調査の場合，預金通帳や印鑑，財産の保管状況などの現物確認を中心に，相続人などに対しての聞き取りも行われ，提出された申告書の内容が適正なものかどうかの確認がされます。

(二) 特別調査
　申告審理の段階で不備や不正が多くあると見込まれ，一般調査よりも長期間かけて細部まで調査する必要があると判断された場合に行われる調査です。

　この特別調査は，事前通知なしに行われることが多く，準備調査も入念に行われた上で，一般調査と比べ長期間かつ厳しい調査が行われることが特徴です。

(三) 簡易調査
　厳密には実地調査には該当しませんが，上記（一）（二）と比べ，文字どおり簡易な調査方法です。

　具体的には，計算誤り，税法の適用誤り，添付書類の未提出など，申告書の明確な誤りに対して，文書・電話または来署依頼により申告内容を確認する調査で，主に個人の所得税や消費税を対象に行われることが多く，相続税の調査ではあまり見られない調査方法です。

　税務署内部では「簡易な接触」とも呼ばれ，近年の税務調査手続の厳

格化によって事務量が増加したことに伴い，限られた人員を効率的に配分するために，注目されている調査方法です。

なお，簡易調査といえども税務調査に該当することとなりますので，簡易調査での税務署からの指摘事項につき修正申告等を行った場合には，過少申告加算税が課されることに注意が必要です。

ただし，同じように電話連絡等で修正申告の提出の要請をされた場合であっても，簡易調査ではなく，行政指導として行われる場合もありますので，このような電話連絡等があった場合には，必ず，「税務調査か行政指導か」の確認をすることが必要となります。

(四) 総合調査

通常，税務調査といえば，相続税の調査は資産課税部門，法人税の調査は法人課税部門など，各専門部署がそれぞれ専門の税目について行うことが多いのですが，この総合調査では複数の税目を横断的に，かつ，税務署の管轄を超えた広域な調査が行われることが特徴です。

したがって，非上場株式のオーナー社長に相続が発生した場合等には，例えば，株式の評価方法の確認をする際に，その発行法人自体を直接調査することができるなど，非常に効果的な調査が可能となります。

(五) 無予告調査

一般調査であるか特別調査であるかにかかわらず，事前通知なしに行われる調査を無予告調査といいます。

税務調査は，事前通知を行うことが原則ですが，場合によっては，その事前通知を行うことにより，例えば資料を隠匿する等，税務調査に支障が出てしまうことも考えられます。

そこで国税通則法第74条の10では，一定の要件を設けた上で，事前通知を行わずに調査を行うことを認めています。

第1章　税務調査の基礎知識　**5**

【国税通則法第74条の10】

（事前通知を要しない場合）

　　前条第1項の規定にかかわらず，税務署長等が調査の相手方である同条第3項第1号に掲げる納税義務者の申告若しくは過去の調査結果の内容又はその営む事業内容に関する情報その他国税庁等若しくは税関が保有する情報に鑑み，**違法又は不当な行為を容易にし，正確な課税標準等又は税額等の把握を困難にするおそれその他国税に関する調査の適正な遂行に支障を及ぼすおそれがあると認める場合**には，同条第1項の規定による通知を要しない。

---

③　反面調査

　納税義務者である相続人や受遺者等ではない第三者に対して行われる調査を反面調査といいます。

　相続税の税務調査における代表的な反面調査は，金融機関などに対して行われる預金口座の調査です。

　なお，法令上，反面調査では事前通知をしなくてもよいことになっていますが，運用上その対象者に対して事前の連絡が行われます。

【税務調査手続に関するFAQ（一般納税者向け）問23】

Q　取引先等に対する調査を実地の調査として行う場合には，事前通知は行われないのですか。

A　税務当局では，取引先など納税者の方以外の方に対する調査を実施しなければ，納税者の方の申告内容に関する正確な事実の把握が困難と認められる場合には，その取引先等に対し，いわゆる反面調査を実施することがあります。

　　反面調査の場合には，**事前通知に関する法令上の規定はありませんが，運用上，原則として，あらかじめその対象者の方へ連絡を行うこととしています。**

---

6 第1部　税務調査の基礎知識

④　再調査

　過去に税務調査が行われた税目・課税期間（相続税においては，一の被相続人からの相続または遺贈を一の課税期間として取り扱います。）に対しては，原則として再度調査が行われるということはありません。

　ただし，「新たに得られた情報に照らし非違があると認めるとき」（国通法74の11⑥）には，既に調査の対象となった税目・課税期間であっても，あらためて税務調査が行われる場合があります。

　これを再調査といいます。

【国税通則法第74条の11第6項】

　　　第1項の通知をした後又は第2項の調査（実地の調査に限る。）の結果につき納税義務者から修正申告書若しくは期限後申告書の提出若しくは源泉徴収による所得税の納付があった後若しくは更正決定等をした後においても，当該職員は，**新たに得られた情報に照らし非違があると認めるときは**，第74条の2から第74条の6まで（当該職員の質問検査権）の規定に基づき，当該通知を受け，又は修正申告書若しくは期限後申告書の提出若しくは源泉徴収による所得税の納付をし，若しくは更正決定等を受けた納税義務者に対し，質問検査等を行うことができる。

---

⑤　税務調査官の種類

（一）一般の調査官

　基本的に税務署に配置されている，資産課税部門などに所属する調査官です。

　通常，②（一）の一般調査を担当することが一般的です。

（二）国税局資料調査課（リョウチョウ・ミニマルサ）

　各国税局の課税部には資料調査課という部署があり，通常，高額・悪質な申告漏れなどが想定される納税者を担当し，「リョウチョウ」や

「ミニマルサ」などと呼ばれます。

「ミニマルサ」という呼び名からもわかるように，一般的な税務調査と比べ，機動的かつ厳しい調査が行われることとなります。

しかしながら，相続税の調査については，資料調査課が担当したからといって，必ずしも高額・悪質な申告漏れが対象となっているわけではなく，単に規模が大きかったり，難易度が高いもの等についても担当することがあるようですので，特に非違事項なく終了することもあるようです。

(三) 特別国税調査官（トッカン）

特別国税調査官とは，各税務署に配置されており，統括官として経験豊富な調査官など，比較的ベテラン，優秀な調査官であることが多く，大規模，かつ，高難度の案件や，前述した②（二）の特別調査のような調査を担当することが多い役職です。

また，②（四）の総合調査を行うのもこの特別国税調査官です。

また，同じトッカンと呼ばれる役職に，「特別国税徴収官」というものがありますが，こちらは，税金の滞納者に対して滞納処分等を行う役職です。

(四) その他

その他，複数の税務署にまたがって資料収集などを行う機動官やIT分野に特化した情報技術専門官，国際税務を専門的に取り扱う国際税務専門官など特殊な調査官もいます。

（2）強制調査

強制調査とは，国税犯則取締法 ^(注) に基づき行われる調査で，任意調査とはその内容が大きく異なります。

（注）国税犯則取締法は，平成30年4月1日に廃止され，国税犯則調査手続は国税通則法に編入されています（以下，本章において同じ）。

8 第1部　税務調査の基礎知識

　強制調査は主に国税局査察部（査察部が独立していない小規模な国税局の場合は調査査察部）の国税査察官によって，不正な手段をもって多額かつ悪質な脱税行為を行っていることが疑われる犯則嫌疑者を対象に行われます。

　国税査察官は裁判所から交付された捜査令状をもとに捜索や証拠物件の差し押さえをすることができ，脱税行為が確認された場合には検察官への告発も行います。

■犯則の取締り（国税庁HPより抜粋）

〔査察制度〕

　我が国では，納税者が自ら正しい申告を行って税金を納付する申告納税制度を採っており，この制度を円滑に運営していくため税務調査を行っている。一般の税務調査において，納税者の申告に誤りがあれば，申告額を更正することとしているが，その調査は，原則として，納税者の同意を基としたいわゆる任意調査によっている。

　しかし，不正の手段を使って故意に税を免れた者には，社会的責任を追及するため，正当な税を課すほかに刑罰を科すことが税法に定められている。こうした者に対しては，任意調査だけではその実態が把握できないので，強制的権限をもって犯罪捜査に準ずる方法で調査し，その結果に基づいて検察官に告発し，公訴提起を求める制度（査察制度）がある。

　査察制度の具体的な手続は，国税犯則取締法に定められており，その執行には，各国税局に配置された国税査察官が当たっている。

〔国税査察官〕

　国税査察官は，国税庁及び全国11の国税局と沖縄国税事務所に配置されている。

　国税査察官は脱税の調査を行う際，犯則嫌疑者を逮捕して取り調べる権限こそないが，国税犯則取締法に基づき，次のような権限を持っている。まず，犯則嫌疑者や参考人に質問し，帳簿や書類を検査することが

できる。また，任意に提出した物を領置することもできる。更に，裁判官から許可状の交付を受けて，一定の場所に立ち入って捜索し，証拠物件を差し押さえることができる。

査察調査の手順としては，脱税の疑いのある者を発見すると，脱税の規模，手口等をより具体的に確認するための内偵調査を行う。内偵調査の後，多額の脱税が見込まれ手口も悪質と認められることなどにより社会的非難を受けるに値する者の脱税の嫌疑事実を裁判官に説明し，許可状の交付を受ける。その許可状に基づいて強制調査に着手するが，着手に当たって，各国税局に配置されている国税査察官は統率のとれた一斉行動をとる。

更に，国税局相互間で臨機に応援する体制も確立されている。

通常行われる税務調査の多くは任意調査であり，かつ一般調査である場合がほとんどです。

また，税務調査は国税通則法によって手続の手順が定められており，調査官はそれに従う義務があります。

2　質問検査権

（1）質問検査権とは

税務署等の職員が税務調査を行う場合，最も基本的な根拠となるのがこの「質問検査権」です。

税務署といえども，納税者の財産について詳しく調査することができるのは，法律でその権利が認められているからです。

相続税における質問検査権は，国税通則法第74条の3に次のとおり規定されています。

10 第1部　税務調査の基礎知識

　なお，以前は，この質問検査権の規定は相続税法（他の税目について
もそれぞれの税法）に置かれていましたが，平成23年の税制改正により
国税通則法に一本化されることとなりました。

【国税通則法第74条の3第1項】

　　国税庁等の当該**職員は**，相続税若しくは贈与税に関する調査若しく
は相続税若しくは贈与税の徴収又は地価税に関する調査について**必要
があるときは**，次の各号に掲げる調査又は徴収の区分に応じ，当該各
号に定める者に**質問し**，第1号イに掲げる者の財産若しくは第2号イ
からハまでに掲げる者の土地等（地価税法第2条第1号（定義）に規
定する土地等をいう。以下この条において同じ。）若しくは当該財産
若しくは当該土地等に関する**帳簿書類その他の物件を検査し**，又は当
該物件の**提示若しくは提出を求める**ことができる。

（2）質問検査権は「税務職員」に対して与えられている

　質問検査権は国や税務署長などに対してではなく，「税務職員」に対
して与えられています。

　そこで税務職員は，税務調査にあたっては，その資格があることの証
明として，質問検査章を携帯しており，そこには，その税務職員自身に
認められた質問検査権の税目が記されています。

　したがって，質問検査章に「相続税」の記載がない場合は，その税務
調査は違法なものとなり，受ける必要がないということになります。

（3）質問検査権は「必要があるとき」に限り認められる

①　内　容

　これも質問検査権の非常に重要なポイントであり，税務調査に対応す
る際は，常に意識しておくべき点といえます。

法律で認められた権利といえども，税務調査は納税者に対して非常に大きな負担となるものですので，その行使は「必要があるとき」に限られると法律で明確に規定されています。

したがって，例えば質問検査が相続人の通帳に及んだ場合等には，時として「なぜ，相続人の通帳を検査する必要があるのか？」と説明を求めることも，税理士として必要な対応といえるでしょう。

②　必要があるときとは

それでは，その「必要があるとき」とはいったいどのような場合でしょうか。

最高裁の判例によると，「必要があるとき」とは，「客観的な必要性が認められるときを指す」とされています（最高裁S48.7.10）。

では，この「客観的な必要性」とは誰が判断するのでしょうか。

これも同判例によると，「第一義的には質問検査権を行使する課税庁の職員の判断」に委ねられるとされています。

したがって，まず税務調査の現場では，基本的には税務職員の判断に従わざるを得ないということになります。

ただし，その判断はあくまでも客観的なものでなければなりませんので，必要に応じてその説明を求めるとともに，納得ができない場合は，粘り強く客観的な必要性を提示してもらうよう交渉してみることも必要です。

（4）質問検査権の受忍義務

①　任意か強制か

よく税務調査には，「任意調査」と「強制調査」があるといわれますが，この質問検査権に基づく調査は，「任意調査」となりますので，調査官の質問検査に応じるかどうかは，あくまで任意です。

12 第1部 税務調査の基礎知識

② 罰則規定

しかし，国税通則法第128条第2号と第3号では，次のとおり規定されています。

【国税通則法第128条】

　次の各号のいずれかに該当する者は，1年以下の懲役又は50万円以下の罰金に処する。

一　（略）

二　第74条の2，第74条の3（第2項を除く。）若しくは第74条の4から第74条の6まで（当該職員の質問検査権）の規定による当該職員の質問に対して答弁せず，若しくは偽りの答弁をし，又はこれらの規定による検査，採取，移動の禁止若しくは封かんの実施を拒み，妨げ，若しくは忌避した者

三　第74条の2から第74条の6までの規定による物件の提示又は提出の要求に対し，正当な理由がなくこれに応じず，又は偽りの記載若しくは記録をした帳簿書類その他の物件（その写しを含む。）を提示し，若しくは提出した者

　つまり，税務調査はあくまで任意ではあるものの，これを拒んだ場合は，1年以下の懲役または50万円以下の罰金に処せられることになるため，実質的には「間接的な強制」ということができます。

③ あくまで任意

　しかし，ここで誤解してはいけないのは，「間接的な強制」であっても，任意調査である以上，納税者は税務調査を拒むことはできるということです。

　ただし，拒んだ場合はその後処罰を受けてしまうというだけです。

　つまり，納税者が拒んだ場合は，税務職員はそれを無視して調査を続

行することはできないのです。

　この点は，神戸地方裁判所平成25年3月29日判決で，最高裁昭和63年12月20日第三小法廷判決を引用して，次のとおり明確に判示されています。

【神戸地方裁判所平成25年3月29日判決】

　質問検査権は，任意調査の一種であるから，その行使に際しては，**相手方の明示又は黙示の承諾を要する**と解されるから，その**承諾がない質問検査権の行使は**，特段の事情がない限り，**国家賠償法上違法**の評価を受けるものというべきである。

　また，調査手続の実施にあたっての基本的な考え方等について（事務運営指針）の第1章には，次のとおり記載されています。

【調査手続の実施にあたっての基本的な考え方等について（事務運営指針）第1章　基本的な考え方（抄）】

　調査がその公益的必要性と納税者の私的利益との衡量において社会通念上相当と認められる範囲内で，**納税者の理解と協力を得て行うものであることを十分認識した上で**，法令に定められた調査手続を遵守し，適正かつ公平な課税の実現を図るよう努める。

　この事務運営指針は，国家公務員法第98条に基づき調査官が遵守すべき「上司（国税庁長官）の職務上の命令」となりますので，もしこれを無視し，納税者の理解と協力のない状態で，税務調査が強行されようとした場合には，毅然とした対応をすることも重要です。

14 第1部 税務調査の基礎知識

3 国税局査察部（マルサ）について

（1）国税局査察部（マルサ）とは

　1987年に公開された伊丹十三監督の映画「マルサの女」によって世の中に広く知られることとなった「マルサ」という言葉ですが，正式には国税局査察部のことを指します。（「㊥サッブ」の頭文字からマルサと呼ばれているといわれています。）

　国税庁の地方支分部局である国税局は全国に11あり，またこれに加え，沖縄国税事務所がありますが，査察部という名前で設置されているのは東京国税局・名古屋国税局・大阪国税局の3ヶ所のみです。他の国税局については，「調査査察部」という名前で設置されています。

　査察部の中でも実際に査察を行う部門は，内偵調査を担当する部門と強制調査を実施する部門とに分かれています。

　内偵調査部門の主な活動は犯則嫌疑者の情報収集です。その活動内容から，通称「ナサケ（情報収集の"情"）」と呼ばれています。

　その調査は長期間にわたり綿密かつ秘密裏に行われ，証拠が十分にそろい，犯則の心証が相当程度固まった段階で，強制調査実施部門に引き継がれます。

　マルサの仕事というと，強制調査実施部門が行ういわゆるガサ入れをイメージすることが多いかと思いますが，実は，この内偵調査の段階で，マルサの仕事のほとんどが完了していると言われています。

　一方，強制調査実施部門は，通称「ミノリ（実施の"実"）」と呼ばれ，主な活動は，ナサケから引き継がれた情報を基に令状の請求をし，その令状を基に強制調査を行い，調査の結果犯則事実があると判断された場合には，検察に対して刑事告発を行うというものです。

第1章　税務調査の基礎知識　**15**

　なお，国税局査察部は，国税犯則取締法に基づく調査を実施していますが，平成29年の税制改正で国税犯則取締法は廃止され，平成30年４月１日に国税通則法に編入されることとなりました（詳細は，「第１部第２章４　平成29年度税制改正─国税犯則取締法の廃止と国税通則法への編入」を参照）。

（2）国税局査察部が行う調査

①　強制調査

　質問検査権の規定（相続税の場合は国税通則法第74条の３）に基づき税務署等が行う調査は任意調査であるのに対し，国税局査察部の調査は，国税犯則取締法という別の法律に基づいて行われる強制調査です。

　なお，上記のとおり国税犯則取締法は廃止され国税通則法に編入されることとなりますが，ここでは国税犯則取締法として説明します。

　国税犯則取締法は，国税通則法とは異なる税務調査のプロセスとその調査における当局の権限を定める法律です。

　この強制捜査を明文化したのが，国税犯則取締法第２条第１項です。

【国税犯則取締法第２条第１項】

　収税官吏ハ犯則事件ヲ調査スル為必要アルトキハ其ノ所属官署ノ所在地ヲ管轄スル地方裁判所又ハ簡易裁判所ノ**裁判官ノ許可ヲ得テ臨検，捜索又ハ差押ヲ為スコトヲ得**

　強制捜査というと無許可でどのような調査でもできるようなイメージがありますが，上記法令により地方裁判所等の裁判官の許可状（いわゆる令状）が必要となります。

　ただし，令状があれば，たとえ調査対象者が拒否をしたとしても，強制的に臨検，捜索，差押えを行うことができますので，この点が国税通則法に基づく税務調査との最大の相違点といえます。

16 第1部　税務調査の基礎知識

　ただし，警察官のような司法警察職員ではないため，税務当局に逮捕権限までは与えられていません。

②　任意調査

　査察部が行う調査というと，強制調査をイメージしがちですが，査察部であっても，任意調査を行うことがあります。

　国税犯則取締法第1条にその旨が規定されています。

【国税犯則取締法第1条】

　　収税官吏ハ国税（関税及噸税ヲ除ク以下同シ）ニ関スル犯則事件（以下犯則事件ト称ス）ヲ調査スル為必要アルトキハ犯則嫌疑者若ハ参考人ニ対シ**質問シ**，犯則嫌疑者ノ所持スル物件，帳簿，書類等ヲ**検査シ**又ハ此等ノ者ニ於テ任意ニ提出シタル物ヲ**領置スルコトヲ得**

②　収税官吏ハ犯則事件ヲ調査スル為必要アルトキハ参考人ノ所持スル物件，帳簿，書類等ヲ**検査スルコトヲ得**

③　収税官吏ハ犯則事件ノ調査ニ付キ官公署又ハ公私ノ団体ニ照会シテ必要ナル事項ノ報告ヲ求ムルコトヲ得

　この規定は，犯則事件の調査をするために必要があるときは，調査対象者に対し質問し，帳簿書類その他の物件を検査することができるとされており，同じ任意調査の規定である国税通則法第74条の2～第74条の6の規定と同様，質問検査権を定めた規定です。

　一方，国税通則法との相違点は，「任意に提出された物件を領置することができる」という点です。

　領置とは，相手方が任意に提出したものを令状なしに査察官が占有することをいいますが，同様の規定が刑事訴訟法第221条にも存在し，いかに任意調査といえども，国税通則法に基づく任意調査とは異なり，租税犯の処罰を目的とした，犯則調査の一環であることがうかがえます。

第1章　税務調査の基礎知識　**17**

　なお，①②の規定は国税通則法に第131条第1項，第2項および第132
条第1項として編入されています。

4　書面添付制度と意見聴取

（1）書面添付制度とは

　書面添付制度とは，税務の専門家である税理士に対して付与された権
利の一つであり，税理士の立場をより尊重し，税務執行の一層の円滑化
等を図るため，平成13年度税理士法改正により従来の更正前の意見陳述
に加えて拡充された制度です。

　具体的には，税理士法第33条の2に規定する計算事項，審査事項等を
記載した書面を添付して申告書を提出した場合，その申告に対し，事前
通知のある税務調査を行う場合には，その事前通知の前に，添付された
書面の記載事項について意見を述べる機会が与えられるというものです。

　また，この添付書面は，自分で作成した申告書だけでなく，他人が作
成した申告書についても添付することができます。

【税理士法第33条の2】

（計算事項，審査事項等を記載した書面の添付）

　　税理士又は税理士法人は，国税通則法第16条第1項第1号に掲げる
　申告納税方式又は地方税法第1条第1項第8号若しくは第11号に掲げ
　る申告納付若しくは申告納入の方法による租税の課税標準等を記載し
　た申告書を作成したときは，**当該申告書の作成に関し，計算し，整理
　し，又は相談に応じた事項を財務省令で定めるところにより記載した
　書面を当該申告書に添付することができる。**
　2　税理士又は税理士法人は，前項に規定する租税の課税標準等を記載
　した申告書で**他人の作成したものにつき相談を受けてこれを審査した**

18　第1部　税務調査の基礎知識

場合において，当該申告書が当該租税に関する法令の規定に従って作成されていると認めたときは，その審査した事項及び当該申告書が当該法令の規定に従って作成されている旨を財務省令で定めるところにより記載した書面を当該申告書に添付することができる。

3　税理士又は税理士法人が前2項の書面を作成したときは，当該書面の作成に係る税理士は，当該書面に税理士である旨その他財務省令で定める事項を付記して署名押印しなければならない。

【税理士法第35条第1項】

　税務官公署の当該職員は，第33条の2第1項又は第2項に規定する書面（以下この項及び次項において「添付書面」という。）が添付されている申告書を提出した者について，当該申告書に係る租税に関し**あらかじめその者に日時場所を通知してその帳簿書類を調査する場合**において，当該租税に関し第30条の規定による書面を提出している税理士があるときは，当該通知をする前に，**当該税理士に対し，当該添付書面に記載された事項に関し意見を述べる機会を与えなければならない。**

（2）書面添付制度活用のメリット

　書面添付制度を活用した場合の最大のメリットは，意見聴取です。

　意見聴取の段階で疑義が解消し，結果として調査の必要性がないと認められた場合には，税務調査に至らないこともあります。

　税務調査に発展しなければ，納税者の負担を軽減することができますので，ぜひ積極的に活用していきたいところです。

（3）書面に記載する内容について

　書面添付制度のメリットは前記のとおりですが，この効果を得るため

第1章　税務調査の基礎知識　**19**

には，添付書面の記載内容の充実が不可欠です。

　意見聴取は，あくまで「添付書面に記載された事項」に関して行われるものですから，その記載内容が不十分な場合，税務署側としても十分な質問をすることができず，結果として，「意見聴取の段階で疑義が解消」されずに，税務調査へ移行してしまうことも考えられます。添付書面を作成する際には，税理士が，税務の専門家として自ら行った業務の内容，つまり，申告書の作成等にあたって，計算，整理または審査等した事項について，具体的，かつ，正確な記載に努める必要があります。

（4）意見聴取について

　また，書面添付のメリットを十分に得るためには，上記のように添付書面の内容を充実させるだけでなく，意見聴取の際に「疑義が解消」されるよう，税理士から積極的に意見を述べることも必要です。

　また，「疑義が解消」されるためには，添付書面に記載した事項について，税務署側から十分な質疑等が行われることも重要です。

　この点については，事務運営指針に次のとおり記載されています。

【資産税事務における書面添付制度の運用に当たっての基本的な考え方及び事務手続き等について（事務運営指針）】

第2章　書面添付制度に係る事務手続及び留意事項

第2節　意見聴取の実施

3　意見聴取の内容

　意見聴取は，税務の専門家としての立場を尊重して付与された税理士等の権利の一つとして位置付けられ，添付書面を添付した税理士等が申告に当たって計算等を行った事項に関することや，**意見聴取前に生じた疑問点を解明することを目的として行われるものである。**

　したがって，こうした制度の趣旨・目的を踏まえつつ，**意見聴取により疑問点が解明した場合には，結果的に調査に至らないこともあり得る**

> ことを認識した上で，**意見聴取の機会を積極的に活用し**，例えば相続財産の把握状況や土地・株式等の評価方法，譲渡価額等の確認方法等について**個別・具体的に質疑を行う**などして疑問点の解明等を行い，その結果を踏まえ調査を行うかどうかを的確に判定する。

したがって，意見聴取の際，個別具体的な質疑がなされないまま，形式的な質疑に終始してしまっている場合などには，この事務運営指針を根拠に「事前聴取の段階で疑義を解消」するため，「個別・具体的な質疑」をするよう，担当官に主張することも必要となります。

(5) 相続税における書面添付制度の活用状況

財務省は平成29年10月に「平成28事務年度国税庁実績評価書」において，書面の添付割合を公表しています。

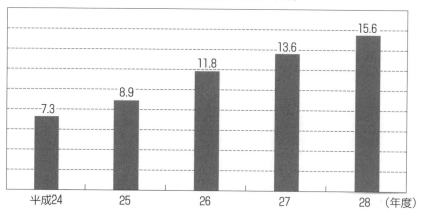

〈相続税の書面添付の割合（％）〉

※上記割合は，税理士が関与した申告書の件数のうち，書面添付があったものの件数の割合です。

第1章　税務調査の基礎知識　**21**

このグラフを見てわかるとおり，相続税申告における書面の添付割合は年々増加しています。

また，平成28年度における所得税の添付割合は1.3％，法人税の添付割合は8.8％となっており，これらと比較すると相続税の書面添付割合は比較的高いものとなっているようですが，15.6％という数字はまだまだ一般的とはいえません。

5　附帯税

（1）附帯税とは

附帯税とは，適正な申告または納税をしなかった納税者等に対して，一種の制裁として課される税金で，国税通則法第2条第4号に次のとおり規定されています。

【**国税通則法第2条第4号**】

　附帯税　国税のうち延滞税，利子税，過少申告加算税，無申告加算税，不納付加算税及び重加算税をいう。

（2）附帯税の種類ごとの解説

①　延滞税

（一）内　容

延滞税は，納付すべき国税を法定納期限までに完納しないときに課されるものです。

（二）延滞税の割合（国税庁HPより）

延滞税は，法定納期限の翌日から完納する日までの期間の日数に応じて，次の割合により課されます。

22　第1部　税務調査の基礎知識

ア　平成26年1月1日以降

【納期限から2ヶ月までの期間】

　年7.3％と「特例基準割合^(※1)＋1％」のいずれか低い割合となります。

　なお，「特例基準割合^(※1)＋1％」の具体的な割合は次のとおりです。

平成29年1月1日から平成29年12月31日までの期間	年2.7％
平成27年1月1日から平成28年12月31日までの期間	年2.8％
平成26年1月1日から平成26年12月31日までの期間	年2.9％

【納期限から2ヶ月経過後の期間】

　年14.6％と「特例基準割合^(※1)＋7.3％」のいずれか低い割合となります。

　なお，「特例基準割合^(※1)＋7.3％」の具体的な割合は次のとおりです。

平成29年1月1日から平成29年12月31日までの期間	年9.0％
平成27年1月1日から平成28年12月31日までの期間	年9.1％
平成26年1月1日から平成26年12月31日までの期間	年9.2％

（※1）特例基準割合とは，各年の前々年の10月から前年の9月までの各月における銀行の新規の短期貸出約定平均金利の合計を12で除して得た割合として各年の前年の12月15日までに財務大臣が告示する割合に，年1％の割合を加算した割合をいいます。（以下※1において同じ）

イ　平成12年1月1日から平成25年12月31日の期間

【納期限から2ヶ月までの期間】

　年7.3％と「特例基準割合^(※2)＋4％」のいずれか低い割合となります。

　なお，「特例基準割合^(※1)＋4％」の具体的な割合は次のとおりです。

平成22年1月1日から平成25年12月31日までの期間	年4.3%
平成21年1月1日から平成21年12月31日までの期間	年4.5%
平成20年1月1日から平成20年12月31日までの期間	年4.7%
平成19年4月1日から平成19年12月31日までの期間	年4.4%
平成14年1月1日から平成18年12月31日までの期間	年4.1%
平成12年1月1日から平成13年12月31日までの期間	年4.5%

（※2）特例基準割合とは，前年の11月30日の日本銀行が定める基準割引率
　　＋4％の割合をいいます。

【納期限から2ヶ月経過後の期間】

　年14.6％の割合となります。

　ウ　平成11年12月31日以前

【納期限から2ヶ月までの期間】

　年7.3％の割合となります。

【納期限から2ヶ月経過後の期間】

　年14.6％の割合となります。

②　利子税

(一)　内　容

　利子税とは，延納，物納，納税猶予などにより，適法に法定納期限経
過後に納税をした場合等に課されるもので，国税通則法第64条第1項に
次のとおり規定されています。

【国税通則法第64条第1項】

　延納若しくは**物納**又は納税申告書の提出期限の延長に係る国税の納
税者は，**国税に関する法律の定めるところにより**，当該国税にあわせ
て利子税を納付しなければならない。

　したがって，具体的には各税法に個別で規定されていますが，特に相
続税，贈与税関係で多数規定されており，具体的には，「延納（相法52

24 第1部　税務調査の基礎知識

④)」や「物納（相法53①，④一・二イ，⑥，⑦)」の他，「各種納税猶予（措法70の4〜70の7の5)」，「連帯納付義務（相法51の2①一・二)」などの場合に課されることになります。

（二）利子税の割合

ア　相続税の延納の場合

その相続税の計算の基礎となった財産の価額の合計額のうちに占める不動産の割合によって，次のとおりとなります（国税庁HPより）。

区　分		延納期間 （最高）	延納利子税 割合 （年割合）	特例割合 ※
不動産等の割合が75%以上の場合	①動産等に係る延納相続税額	10年	5.4%	1.1%
	②不動産等に係る延納相続税額（③を除く）	20年	3.6%	0.7%
	③森林計画立木の割合が20%以上の森林計画立木に係る延納相続税額	20年	1.2%	0.2%
不動産等の割合が50%以上75%未満の場合	④動産等に係る延納相続税額	10年	5.4%	1.1%
	⑤不動産等に係る延納相続税額（⑥を除く）	15年	3.6%	0.7%
	⑥森林計画立木の割合が20%以上の森林計画立木に係る延納相続税額	20年	1.2%	0.2%
不動産等の割合が50%未満の場合	⑦一般の延納相続税額（⑧，⑨及び⑩を除く）	5年	6.0%	1.3%
	⑧立木の割合が30%を超える場合の立木に係る延納相続税額（⑩を除く）	5年	4.8%	1.0%
	⑨特別緑地保全地区等内の土地に係る延納相続税額	5年	4.2%	0.9%
	⑩森林計画立木の割合が20%以上の森林計画立木に係る延納相続税額	5年	1.2%	0.2%

第1章　税務調査の基礎知識　**25**

※各年の延納特例基準割合が7.3％未満の場合は，「特例割合」が適用されます。
※表中の「特例割合」は，延納特例基準割合が1.6％（平成30年1月1日現在）
で計算されており，延納特例基準割合が変動した場合には，「特例割合」
も変動することとなります。

イ　物納の場合

年7.3％

ただし，特例基準割合[※1]が年7.3％未満の場合は，特例基準割
合[※1]となります。

ウ　納税猶予の場合

年3.6％[注]

ただし，特例基準割合[※1]が年7.3％未満の場合には，次のとおり
となります。

3.6％[注]×特例基準割合[※1]÷7.3％（0.1％未満切捨て）

（注）医療法人の持分についての相続税の納税猶予の特例および医療法人の
持分に係る経済的利益についての贈与税の納税猶予の特例等については，
6.6％となります。

エ　連帯納付義務の場合

年7.3％

ただし，特例基準割合[※1]が年7.3％未満の場合は，特例基準割
合[※1]となります。

（注）納付基準日（納税通知書発送日の翌日から2ヶ月を経過する日と督
促状発送日のいずれか早い日）後に納付する場合は，上記に加えて年
14.6％の延滞税が課されることとなります（相法51の2①三）。

③　過少申告加算税及び無申告加算税

（一）内　容

　過少申告加算税は，期限内申告書が提出された場合において，修正申
告書の提出または更正があったときは，その納付すべき税額に対して課

26 第1部　税務調査の基礎知識

されます（国通法65①）。

　無申告加算税は，期限後申告書の提出または決定があった場合等に，その納付すべき税額に対して課されます（国通法66①）。

　また，次のような加重・減免措置も存在します。

〔加重措置〕

ア　50万円（過少申告加算税の場合は，期限内申告税額とのいずれか多い金額）を超える部分の5％加重措置（国通法65②，66②）

イ　財産債務調書，国外財産調書の提出がない場合等の5％加重措置（国調法6②，6の3②）

ウ　5年以内に繰り返し無申告，隠蔽，仮装があった場合の10％加重措置（国通法66④）　※無申告加算税のみ

〔減免措置〕

ア　正当な理由がある場合の免除（国通法65④一，66①但書）

イ　更正の予知前の減免措置（国通法65⑤，66⑥）

ウ　財産債務調書，国外財産調書の提出があった場合等の5％軽減措置（国調法6①，6の3①）

エ　期限内申告書を提出する意思があったと認められ，かつ，法定申告期限から1月以内に期限後申告書を提出した場合の無申告加算税の不適用（国通法66⑦）　※無申告加算税のみ

(二)　税　率

　過少申告加算税および無申告加算税の税率は次のとおりです。

　なお，平成28年度の国税通則法の改正により，更正の予知前であっても，調査通知後に修正申告書や期限後申告書が提出された場合には，一定の割合で過少申告加算税または無申告加算税が課されることになりました。

　この取扱いは平成29年1月1日以後に法定申告期限または法定納期限

が到来する国税から適用されます。

修正申告等の時期	過少申告加算税	無申告加算税
法定申告期限の翌日から調査通知前まで	0％	5％
調査通知後から調査による更正等予知前まで	5％ （10％）	10％ （15％）
調査による更正等予知以後	10％ （15％）	15％ （20％）

※（　）書きは上記「加重措置」の「ア」に係る部分の割合

④　重加算税

（一）内　容

　重加算税は，納税者がその税額等の計算の基礎となるべき事実の全部または一部を隠蔽し，または仮装し，その隠蔽し，または仮装したところに基づき納税申告書を提出していたときに過少申告加算税，無申告加算税または不納付加算税に代えて課されます（国通法68）。

　また，無申告加算税と同様，5年以内に繰り返し無申告，隠蔽，仮装があった場合の10％加重措置（国通法68④）があります。

（二）税　率

　重加算税の税率は次のとおりとなります。

加算税の区分	期限後申告等があった日前5年以内に同じ税目に対して無申告加算税または重加算税を課された（徴収された）ことの有無	
	無	有
過少申告加算税に代えて課されるもの	35％	45％
無申告加算税に代えて課されるもの	40％	50％
不納付加算税に代えて課されるもの	40％	50％

28 第1部 税務調査の基礎知識

6 除斥期間

（1）相続税・贈与税の除斥期間

　除斥期間とは，法律上，権利が存続する期間のことをいい，特に税務においては，税務署長が更正・決定および賦課決定を行うことができる権利（賦課権）の存続期間のことを指します。

　このような期間が設けられている目的は，大量回帰的に発生する国税の権利関係を早期に確定させるためです。

　具体的には，相続税の除斥期間は他の税目と同様，国税通則法で規定されており，法定申告期限から5年を経過する日です（国通法70①）。

　これに対し，贈与税の除斥期間については，他の税目とは異なり，別途，相続税法で規定されており，申告書の提出期限から6年を経過する日となっています。

【国税通則法第70条第1項】

　　次の各号に掲げる更正決定等は，当該各号に定める期限又は日から**5年**（…中略…）を経過した日以後においては，することができない。

【相続税法第36条第1項】

　　税務署長は，**贈与税**について，国税通則法第70条（国税の更正，決定等の期間制限）の規定にかかわらず，次の各号に掲げる更正若しくは決定（…中略…）を当該各号に定める期限又は日から**6年**を経過する日まで，することができる。

第1章 税務調査の基礎知識 **29**

（2）偽りその他不正の行為があった場合の除斥期間

　上記のとおり相続税の除斥期間は5年，贈与税の除斥期間は6年となっていますが，例外として「偽りその他不正の行為」により納税を免れた場合には，除斥期間は7年となります（国通法70④，相法36③）。

　「偽りその他不正の行為」とは，正当な納税義務を免れる行為で社会通念上不正と認められる一切の行為を含むとされています。

　また，この「偽りその他不正」は，いわゆる脱税が規定されている相続税法第68条などに規定する「偽りその他不正」と同義であるとされており，これにより課税を免れた場合には10年以下の懲役若しくは1,000万円以下の罰金またはこれを併科するとされています。

【国税通則法第70条第4項】

　　次の各号に掲げる更正決定等は，（…中略…）同項各号に定める期限又は日から**7年**を経過する日まで，することができる。

一　**偽りその他不正の行為**によりその全部若しくは一部の税額を免れ，又はその全部若しくは一部の税額の還付を受けた国税（当該国税に係る加算税及び過怠税を含む。）についての更正決定等

【相続税法第36条第3項】

　　偽りその他不正の行為によりその全部又は一部の税額を免れ，若しくはその全部若しくは一部の税額の還付を受けた**贈与税**（その贈与税に係る加算税を含む。）についての更正決定若しくは賦課決定又は偽りその他不正の行為（…中略…）についての更正は，（…中略…）当該各号に定める期限又は日から**7年**を経過する日まで，することができる。

---

30 第1部　税務調査の基礎知識

（3）除斥期間と消滅時効との違い

　賦課権の存続期間である除斥期間とよく比較されるものとして，徴収権の消滅時効があります（国通法72）。

　徴収権とは，具体的な定義規定はありませんが，一般的に，租税債務が確定した後，その債務の履行を求めることができる権利，つまり租税の徴収を目的とした権利のことをいいます。

　賦課権については，特に納税者の意思表示は必要とせず，税務署長単独の意思表示のみによって法律効果が生じるため，一種の形成権であると考えられていることから，時効制度を採用することはなじまないため，除斥期間が採用されています。

　一方，徴収権については，一般の私債権と類似することから時効制度が採用されています。

　除斥期間と消滅時効は，どちらも租税債権に関する権利に期間制限を設けているという点で共通しますが，下記のような相違点があります。

> **■除斥期間と消滅時効の相違点**
> ①　消滅時効には中断（民147）や停止（民158〜民161）があるが，除斥期間にはこれがない。
> ②　消滅時効は，時効によって利益を受ける者が時効によって利益を受ける意思を表示（援用）することではじめて発生する（民145）が，除斥期間は期間の経過に伴い当然に権利消滅するため援用が必要ない。
> ③　消滅時効の効力が起算日に遡って発生する（民144）のに対し，除斥期間は遡らない。

7　KSKシステムと税務調査対象の選定基準

（1）KSKシステムについて

①　KSKシステムとは

　KSKシステムとは，国税総合管理（KOKUZEI SOUGOU KANRI）システムの略称で，国税庁，全国11ヶ所の国税局と沖縄国税事務所，全国に524ある税務署をネットワーク上で結び，納税者の申告・納税情報を一元管理するオンラインシステムです。

　このKSKシステムには，納税者から提出された申告書等のデータをはじめ，法定資料として収集された各種支払調書や法定外資料として収集された各種資料せん，その他納税者に関するあらゆる情報が入力されています。

　これらの情報は，国税事務の効率化や申告漏れ対策，脱税摘発，滞納徴収，税務調査の対象者の選定などに使われ，導入前にはできなかった多角的・広範囲の処理・分析をすることができるようになりました。

　また，一方で納税者の側にもメリットがあり，還付金の振込期間の短縮，納税証明書の発行などが迅速に行われるようになりました。

②　税務調査での活用

　KSKシステムは全国の納税者に関する情報をデータで管理し，かつ，過去の税務申告関連のデータも蓄積しているため，税務調査の対象先を選定する際にも活用されています。

　これらの蓄積されたデータは，例えば，相続税であれば被相続人の名前で名寄せがされた状態で出力され，これらの情報と提出された申告書を比較検討し，調査対象を選定することとなります。

32 第1部 税務調査の基礎知識

（2）相続税における実地調査先の選定基準について

　実地調査先の具体的な選定基準については，「相続税調査の手引（相続税編）」や「資産税事務提要」などの行政文書内で定められているようですが，これらの文書を情報開示請求しても，この選定基準の部分は不開示とされてしまい，公開はされていないようです。

　しかしながら，一般的に，次のような場合には実地調査に移行することが多いことから，申告審理の段階においても次のような点に着目して選定が行われているものと考えられます。

①　相続財産の金額が多額である場合

　多額の財産がある場合は，それだけ実地調査に移行する可能性が高いことはいうまでもありませんが，これに加えて，前述した「特別調査」や「国税局資料調査課」による調査など，より重点的な調査が行われる可能性が高いといえます。

②　生前の所得金額が高額であった場合

　生前の所得と比べ，それに見合うだけの相続財産がない場合には，申告漏れ，名義預金等に紛れていることを疑うなど，調査対象となりやすいといえます。

③　名義預金や名義財産が多額にある場合

　パート収入や年金収入のみの比較的収入が少ない相続人名義になっている預金口座の残高が多い場合には，被相続人の収入で形成された可能性が疑われ，必然的に税務調査の可能性が高くなります。

　また，未成年者や学生などの孫などに多額の預金残高がある場合も同様です。

第1章　税務調査の基礎知識　**33**

④　相続直前に通帳から多額の引出しがあった場合

　相続直前に通帳から多額の引出しがあるケースで申告書に反映されていない場合には，手許現金などの財産の計上漏れが疑われ，実地調査に移行する可能性が高いものと考えられます。

⑤　相続前に売却した不動産等の売却代金が申告されていない場合

　相続開始前数年の間に高額な不動産や株式等の譲渡所得申告があったにもかかわらず，それに対応する相続財産の記載がないと申告漏れの可能性があると疑われ，調査対象になる可能性が高いものと考えられます。

⑥　被相続人が生前の税務調査で不正を指摘された場合

　被相続人が生前の税務調査時に不正事項を指摘されていたケースでは，不正事項の履歴が残っている（フラグが立っている）ため，相続時でも着目されている可能性が高いといえます。

⑦　不動産の評価を減額して申告している場合

　広大地を適用して申告した場合等，その判定が困難かつ減額金額が大きい場合などには，より選定される可能性が高くなるものと思われます。

　ただし，平成30年1月1日以後相続・遺贈または贈与により取得した宅地の場合は，より判断基準の明確な「地積規模の大きな宅地の評価」に改正されるため，このような心配は少なくなるものと思われます。

⑧　多額の借入金があるにもかかわらず，これに対応する財産が申告されていない場合

　多額の借入金があるということは，通常それに対応する財産があるはずですが，これがない場合には申告漏れが疑われることとなります。

34 第1部 税務調査の基礎知識

⑨ 海外に財産がある場合

　詳細は第2章で解説しますが，課税当局は近年，海外資産の調査にかなり力を入れており，情報収集も盛んに行われていますので，被相続人が海外資産を持っていた場合には，調査対象に選定されやすくなったといえます。

⑩ 意見聴取で疑問点が解消されない場合

　前述したとおり，税理士法第33条の2の添付書面をつけて申告書を提出した場合には，税務調査に移行する前に意見聴取が行われ，その際申告内容に疑問点がある場合には，個別・具体的に質問がなされることになりますが，その疑問点が解消しなかった場合には，実地調査に移行する可能性が極めて高くなるものと考えられます。

　このように，KSKシステムを活用し，多角的・広範囲からチェックを行い，被相続人の生前から相続税申告の税務調査の対象者候補をマークしているといえます。適正な申告がされていないおそれがあると疑われた場合には，預貯金の過去10年分の履歴チェックを行うなど，徹底的に調査されてしまいますので，税務調査にならないように現金や預貯金などの入金・出金などを事前に把握し，適正な申告を心掛けることが大切です。

〈国税総合管理(KSK)システムの概要〉

国税総合管理システム(以下「KSKシステム」という。)は、全国の国税局と税務署をネットワークで結び、申告・納税の事績や各種の情報を入力することにより、国税債権などを一元的に管理するとともに、これらを分析して税務調査や滞納整理に活用するなど、地域や税目を越えた情報の一元的な管理により、税務行政の根幹となる各種事務処理の高度化・効率化を図るために導入したコンピュータシステムである。

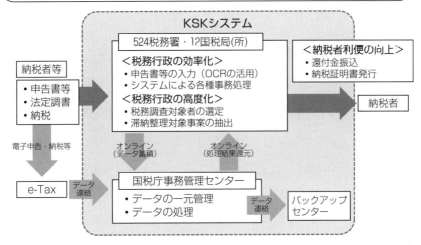

(国税庁HPより)

第2章

相続税の税務調査の近年の動向

1 近年の税務調査件数などの統計データ

(1) 平成27年度相続税の課税ベース拡大による申告状況への影響

　平成27年度の課税ベースの拡大により，相続税の課税対象相続人数が改正前の約5.6万人に対して平成27年度には10.3万人と，約1.83倍に大幅に増加し，課税割合も改正前の4.4％から8.0％と約1.81倍に増加しました。

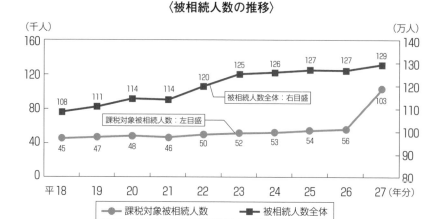

〈被相続人数の推移〉

（国税庁HPより）

第2章 相続税の税務調査の近年の動向　37

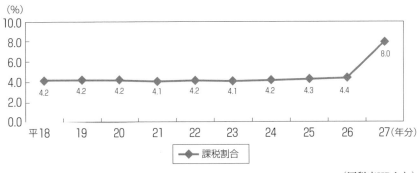

(国税庁HPより)

これに対し、課税価格は改正前の11.5兆円から14.6兆円と約1.26倍の増加にとどまっています。

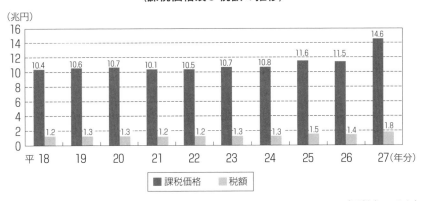

(国税庁HPより)

(2) 近年の相続税の税務調査の動向

平成23年度税制改正において税務調査の手続が厳格化される改正国税通則法が成立し、平成23年12月2日に公布、平成25年1月1日に施行されました。

38 第1部 税務調査の基礎知識

　具体的には，「事前通知の法定化」，「税務調査終了時の手続きの法定化」，「不利益処分の理由附記」など，税務署の職員の事務負担が大幅に増える内容となっています。

　この影響により，近年，実地調査件数が増減を繰り返してはいるものの，改正前の状況と比べ，全体的には減少傾向にあることがわかります。

〈相続税の調査の状況〉

項目	事務年度		平成20事務年度	平成21事務年度	平成22事務年度	平成23事務年度	平成24事務年度	平成25事務年度	平成26事務年度	平成27事務年度	平成28事務年度
①	実地調査件数		件 14,110	件 13,863	件 13,668	件 13,787	件 12,210	件 11,909	件 12,406	件 11,935	件 12,116
②	申告漏れ等の非違件数		件 12,008	件 11,748	件 11,276	件 11,159	件 9,959	件 9,809	件 10,151	件 9,761	件 9,930
③	非違割合（②/①）		% 85.1	% 84.7	% 82.5	% 80.9	% 81.6	% 82.4	% 81.8	% 81.8	% 82
④	重加算税賦課件数		件 2,052	件 1,970	件 1,897	件 1,569	件 1,115	件 1,061	件 1,258	件 1,250	件 1,300
⑤	重加算税賦課割合（④/②）		% 17.1	% 16.8	% 16.8	% 14.1	% 11.2	% 10.8	% 12.4	% 12.8	% 13.1
⑥	申告漏れ課税価格		億円 4,095	億円 3,995	億円 3,994	億円 3,993	億円 3,347	億円 3,087	億円 3,296	億円 3,004	億円 3,295
⑦	⑥のうち 重加算税賦課対象		億円 781	億円 698	億円 609	億円 581	億円 436	億円 360	億円 433	億円 458	億円 540
⑧	追徴税額	本税	億円 800	億円 732	億円 685	億円 649	億円 527	億円 467	億円 583	億円 503	億円 616
⑨		加算税	億円 131	億円 124	億円 112	億円 107	億円 83	億円 71	億円 87	億円 80	億円 101
⑩		合計	億円 931	億円 856	億円 797	億円 757	億円 610	億円 539	億円 670	億円 583	億円 716
⑪	申告漏れ1件当たり	申告漏れ課税価格（⑥/②）	万円 3,410	万円 3,400	万円 2,922	万円 2,896	万円 2,741	万円 2,592	万円 2,657	万円 2,517	万円 2,720
⑫		追徴税額（⑩/②）	万円 775	万円 729	万円 583	万円 549	万円 500	万円 452	万円 540	万円 489	万円 591

（国税庁HPを基に税理士法人チェスター編集）

　また，一般的に法人税や所得税と比較して相続税は税務調査が入る割合が高くなっています。

　被相続人数と実地調査件数の集計年度が一致していないため一概には

いえませんが，被相続人数が概ね5万人程度で推移しているのに対し，実地調査件数は概ね1.3万件となっているため，少なくとも4人に1人程度の割合で調査が行われていることとなります。

また，平成28事務年度における実地調査件数12,116件に対し，申告漏れ等の非違件数9,930件であり，非違割合は82.0％でした。つまり，税務調査が入ると約80％の確率で否認されることになり，追徴税額を支払うことになります。

（3）海外資産関連事案に係る調査事績

近年の相続税の税務調査では海外財産に対する調査が強化されている点も大きな特徴です（詳細は，「第1部第2章5　海外事案の調査について」参照）。

下記の表を見ていただくと，海外資産関連事案に係る実地調査件数は近年増加傾向にあることがわかります。

税務当局は，納税者の資産運用の国際化に対応すべく，国外財産調書，国外送金等調書などの各種法定調書やバハマ国，パナマ共和国等との租税情報交換協定，租税条約やCRS等に基づく情報交換制度を活用し，海外財産の把握に努めています。

資料情報や相続人・被相続人の居住形態等から海外資産の相続が想定される事案など，海外資産関連事案については今後も積極的な調査が行われると考えられます。

40 第1部　税務調査の基礎知識

〈**相続税調査における海外資産関連事案に係る調査事績**〉

	平成23 事務年度	平成24 事務年度	平成25 事務年度	平成26 事務年度	平成27 事務年度	平成28 事務年度
海外資産関連事案に 係る実地調査件数	741件	721件	753件	847件	859件	917件
海外資産に係る申告 漏れ等の非違件数	111件	113件	124件	112件	117件	117件
海外資産に係る申告 漏れ課税価格	72億円	26億円	163億円	45億円	47億円	52億円

（国税庁HPを基に税理士法人チェスター作成）

2　平成23年12月の国税通則法の改正

（1）概　要

　平成23年12月2日に，納税環境整備に関する国税通則法の改正を含む「経済社会の構造の変化に対応した税制の構築を図るための所得税法等の一部を改正する法律」（平成23年法律第114号）が公布されました。

　この改正は，「調査手続の透明性及び納税者の予見可能性を高め，調査に当たって納税者の協力を促すことで，より円滑かつ効果的な調査の実施と申告納税制度の一層の充実・発展に資する観点及び課税庁の納税者に対する説明責任を強化する観点」から行われており，これにより，税務調査手続に関する現行の運用上の取扱いが法令上明確化されました。

　この改正では，大きく分けて3つの改正が行われています。

　①　税務調査手続の明確化

　②　更正の請求期間の延長等

　③　処分の理由附記等

　その結果，特に①③の改正により税務当局が行う税務調査に関する事務手続が厳格化され，事務負担が増加することとなりました。

これにより，税務当局側でも税務調査に対する取組みが大きく変化しており，「国税通則法第7章の2（国税の調査）関係通達の制定について（法令解釈通達）」「調査手続等に関する当面の事務実施要領について（個別通達）」「調査手続の実施に当たっての基本的な考え方等について（事務運営指針）」「税務調査手続に関するFAQ（一般納税者向け，税理士向け，職員向け）」などが制定されました。

（2）税務調査手続の明確化

具体的には国税通則法に，「第7章の2　国税の調査（第74条の2から第74条の13の2まで）」が新たに追加され，具体的な手続が定められることとなりました。

①　質問検査権に関する規定の整備

質問検査権とは，納税義務者等に質問し，帳簿書類その他の物件を検査し，またはその物件の提示もしくは提出を求めることのできる税務職員の権利です。

改正前は，罰則規定とともに各税法において規定されていましたが，改正後は国税通則法に集約されることとなりました。

具体的には，質問検査権については，第74条の2から第74条の6までで，各税目ごとに規定されており，その中で相続税および贈与税に関する改正は第74条の3に規定されています。

また，罰則規定については，第128条第2号と第3号に各税目一括して規定されています。

②　事前通知

原則として税務調査に先立ち，納税義務者に対し下記のとおり事前通知をすることが法定化されました。

42 第1部　税務調査の基礎知識

　改正前においても，運用上の取扱いとして事前通知は行われていましたが，これも調査手続の透明性や納税者の予見可能性を高める観点から法律上で明確化されたものとなります。

（一）事前通知の内容

　具体的には，「実地の調査において質問検査等を行う旨」と以下の事項について通知することとされています。

- 調査を開始する日時
- 調査を行う場所
- 調査の目的
- 調査の対象となる税目
- 調査の対象となる期間^(注)
- 調査の対象となる帳簿書類その他の物件
- 調査の対象となる納税義務者の氏名及び住所又は居所
- 調査を行う職員の氏名及び所属官署（複数の場合は代表者）
- 日時，場所の変更に関する事項
- 国税通則法第74条の9第4項（事前通知を行った事項以外の事項に関する質問検査権）の規定の趣旨（国通法74の9①，国通令30の4①）

　　（注）なお，対象期間は課税期間ごとに行われることとなりますが，相続税においては，一の被相続人からの相続または遺贈が一の課税期間として取り扱われます。

（二）事前通知の対象者

　納税義務者の事前の同意がある場合には，税務代理権限証書を提出している税理士に事前通知が行われます（国通法74の9⑤，国通規11の3①）が，この同意が税務代理権限証書に記載されていない場合には，納税義務者と税理士の双方に事前通知が行われます（国通法74の9①）。

　また，その税務代理権限証書を提出している税理士が複数いる場合に

は，税務代理権限証書でその代表者を指定することで，事前通知はその代表者のみに対して行われることとなります（国通法74の9⑥，国通規11の3②）。

(三) 事前通知の方法および時期

事前通知の方法は法令上規定されていませんが，運用上は，原則として電話により口頭で行うこととされています。

また，その時期についても法令上特段の規定はなく，調査開始日までに納税義務者が調査を受ける準備等ができるよう，調査までに相当の時間的余裕を置いて行うこととされています。

(四) 調査日時および調査場所の変更

税務調査の日時や場所は，例えば納税義務者の病気や怪我等のための入院や親族の葬儀への出席，業務上のやむを得ない事情など，合理的な理由がある場合には，税務当局と協議の上，変更してもらうことが可能です（国通法74の9②）。

(五) 通知事項以外の事項について非違が疑われる場合

事前通知に含まれていなかった事項について，調査着手後に非違が疑われることとなった場合には，当該事項についても質問検査等を行うことができることとされています。

また，このような「通知事項以外の事項」について質問検査等を行う場合には，あらためて事前通知を行う必要はありません（国通法74の9④）。

(六) 事前通知を要しない場合

課税の公平性の確保の観点から，事前通知をすることにより違法または不当な行為を容易にし，正確な課税標準等または税額等の把握を困難にするおそれその他国税に関する調査の適正な遂行に支障を及ぼすおそれがあると認める場合には事前通知なしに税務調査が行われることがあります（国通法74の10）。

44　第1部　税務調査の基礎知識

いわゆる無予告調査と呼ばれるものですが，この無予告調査は，あくまで事前通知を行うことにより，上記のような事由に該当する場合に限って行われるものですので，税務当局はこれに該当するかどうかについて，慎重かつ適切に判断を行うことが求められます。

③　物件の留置き

(一)　改正内容

調査担当者は，税務調査において必要があるときは，預かり証を交付した上で，提出された帳簿書類などを留め置くことができることが法定化されました（国通法74の7，国通令30の3①）。

改正前も，実務上同様のことは行われていましたが，調査手続きの透明性を図る観点から，法令上明確化された形となります。

また，この留置きの規定は強制力を持つものではなく，「調査手続の実施に当たっての基本的な考え方等について（事務運営指針）」の第2章3（5）で「帳簿書類等を提出した者の理解と協力の下，その承諾を得て実施する。」とされています。

(二)　留置きとは

留置きとは，「提出を受けた物件について国税庁，国税局若しくは税務署又は税関の庁舎において占有する状態をいう」（調査通2-1）とされています。

つまり，帳簿書類その他の物件を税務署等に持ち帰ることを言います。

ただし，税務調査のために新たにコピーした資料や，新たに作成した資料などを持ち帰ることは，留置きには該当しません（調査通2-1）。

また，留置きは「行政不服審査法第2条に規定する処分」に該当しますので，この留置きに不服がある場合には，不服申立てをすることができます。

この場合，留置きという行為は，「事実上の行為（法律上の効果を生

じるものではない行為）」と解されており（不服通75-1（4）），「国税通則法第75条第1項に規定する処分」には該当しないことから国税通則法の適用はなく（国通法75①②），行政不服審査法第2条に基づき不服申立てがされることとなります。

したがって，不服申立て（審査請求）は国税不服審判所に対してではなく，国税庁長官に対して行う（行審法4二，四）ことになります。

また，国税通則法に基づくものではないため，不服申立前置主義の適用はありませんので，不服申立てをせずに直接裁判所に対し，取消訴訟を提起することも可能となります（行訴法8①）。

(三) 返 還

留め置いた帳簿書類その他の物件は，留め置く必要がなくなったときは，遅滞なく返還しなければならないとされています（国通令30の3②）。

また，納税義務者等から返還の求めがあった時は，特段の支障（税務署などでコピーに時間がかかる等）がない限り，速やかに返還しなければならない（調査通2-1）とされていますので，留め置かれた資料が必要になった際などは，遠慮なく返還を求めることができます。

ただし，特段の支障がある場合には，返還の求めが拒否されてしまう場合もあります。

この場合も，不服申立てをすることが可能ですが，この拒否という行為は，当該物件の提出者の返還請求権に対する拒否処分であることから，「国税通則法第75第1項に規定する処分」に該当すると解されている（不服通75-1（5））ため，国税通則法に基づいて不服申立てがされることになります（国通法75①②）。

したがって，不服申立前置主義の適用があり（国通法115①），税務署長等に対する再調査の請求か国税不服審判所長に対する審査請求のいずれかの方法の選択により，不服申立てをすることとなります（国通法75

46 第1部 税務調査の基礎知識

①一）。

④ 調査終了の手続き

税務当局の説明責任を強化する観点から，調査終了時の手続が整備されました。

(一) 更正決定等をすべきと認められない場合の通知

税務調査（実地の調査^(注)に限る）を行った場合に更正決定等をすべきと認められない場合には，納税義務者に対して「その時点において更正決定等をすべきと認められない」旨を書面で通知することとされています（国通法74の11①）。

なお，この取扱いは実地の調査を行った場合の取扱いですので，実地の調査以外の調査を行った場合には，法令上，この通知をする義務はないこととなります。

しかしながら，運用上は，実地の調査以外においても口頭により調査が終了した旨の連絡をすることになっています（事務運営指針第2章4（1）（注）書き）。

(注)「実地の調査」とは，国税の調査のうち，当該職員が納税義務者の支配・管理する場所（事業所等）等に臨場して質問検査等を行うものを言うとされています（調査通3-4）。

(二) 更正決定等をすべきと認める場合における調査結果の説明等

税務調査を行った結果，更正決定等をすべきと認める結果となった場合には，更正決定等をすべきと認めた額およびその理由について，納税義務者に対して説明を行う必要があります（国通法74の11②）。

この説明は，上記（一）の通知とは異なり，書面で行うなど，その方法については法令で規定されていないため，税務当局はその運用上，原則として口頭により行うこととしています（ただし，実地の調査以外の調査が行われた場合で，非違事項が比較的少ない場合等には，書面での

説明も行われることがあるようです）。

なお，税務職員は，この説明の際に修正申告または期限後申告を勧奨することができることとされています（国通法74の11③）。

提出するかどうかはあくまでも納税義務者の任意の判断となっていますので，これに応じない場合には税務署長等が更正処分または決定処分を行うこととなります。

また，この修正申告等の勧奨をする場合には，納税義務者に対して不服申立てをすることはできないが更正の請求はすることができる旨を説明し，その旨を記載した書面を交付することとされています（国通法74の11③）。

この不服申立てを行うことができなくなる点については，十分な注意が必要です。

(三) 調査終了の手続きのまとめ

以上のとおり，従前まで実務上行われてきた調査終了の手続が法令で明確化されましたが，その内容をまとめると，最終的には，「ア　更正決定等をすべきと認められない旨の通知」「イ　修正申告又は期限後申告」「ウ　更正処分又は決定処分」のいずれかの結果となり，これが完了した時点で税務調査が終了となります。

〈図解〉

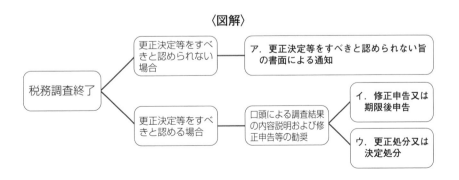

48 第1部　税務調査の基礎知識

⑤　再調査と調査の再開

（一）再調査

　上記④の「ア　更正決定等をすべきと認められない旨の書面による通知」，「イ　修正申告又は期限後申告」，「ウ　更正処分又は決定処分」により，税務調査が終了した後においても，「新たに得られた情報に照らし非違があると認めるとき」は，納税義務者に対し，質問検査等を行うことができることが法定化されました（国通法74の11⑥）。

　また，よく似た名称の手続として，前述した不服申立てとしての「再調査の請求（国通法75①一イ）」や，後述する「調査の再開（調査通5-4）」がありますが，この「再調査（国通法74の11⑥）」とは全く異なる手続となりますので，混同しないよう注意が必要です。

（二）新たに得られた情報に照らし非違があると認めるときとは

　上記のとおり，再調査を行うためには，「新たに得られた情報に照らし非違があると認めるとき」に限られるため，その判断は慎重に行われる必要があります。

　税務当局も，チェックシート等を用いて事前に詳細な検討をしているようですが，納税義務者側もその確認はしておきたいところです。

　しかしながら，法令上，これを納税義務者に対して説明する義務はなく，税務当局としても特に説明はしないという方針のようです（FAQ職員4-40）。

　また，「新たに得られた情報に照らし非違があると認めるとき」の具体的な内容については，「国税通則法第7章の2（国税の調査）関係通達の制定について（法令解釈通達）」の5-7と5-8において，次のとおり明らかにされています。

「新たに得られた情報」（調査通5-7）

　…国税の調査（実地の調査に限る。）において質問検査等を行った

当該職員が，当該通知又は当該説明を行った時点において有していた情報以外の情報をいう。

「新たに得られた情報に照らし非違があると認めるとき」（調査通5-8）

…新たに得られた情報から非違があると直接的に認められる場合のみならず，新たに得られた情報が直接的に非違に結びつかない場合であっても，新たに得られた情報とそれ以外の情報とを総合勘案した結果として非違があると合理的に推認される場合も含まれることに留意する。

（三）平成27年度税制改正

平成27年度の税制改正において，この再調査の規定が適用されるのは実地の調査に限られることになりました。

したがって，実地の調査以外の調査を行った場合には，この規定（国通法74の11⑥）は適用されないこととなります。

この場合，1回目の調査が実地の調査以外の調査である場合には，「①再調査はできない」こととなるのか，「②"新たに得られた情報に照らし非違があると認めるとき"という制限なしに，2回目の調査ができる」こととなるのか，といった疑問が生じてきますが，②として取り扱われることとなっています（調査通5-6（注）1）。

つまり，1回目の調査が実地の調査以外の調査であった場合には，2回目の調査は再調査に該当しないため，通常の質問検査権の規定（国通法74の2～74の6）に基づく調査となり，"新たに得られた情報に照らし非違があると認めるとき"という制限なしに，2回目の調査ができるということになります。

（四）調査の再開

また，国税通則法の改正ではありませんが，上記④（三）の図解における，「口頭による調査結果の内容説明」を行った後から，同図解の

50 第1部 税務調査の基礎知識

「イ　修正申告又は期限後申告」，または，「ウ　更正処分又は決定処分」までの間に，当該説明の前提となった事実が異なることが明らかとなり，当該説明の根拠が失われた場合など調査官が必要と認めたときは，調査を再開することができるとされています（調査通5-4）。

　これは，「口頭による調査結果の内容説明」の段階では，税務調査はまだ終了していないため，いつでも調査が再開できることを留意的に示したものと思われます。

　また，この取扱いは，「更正決定すべきと認められない場合」における，「ア　更正決定すべきと認められない旨の書面による通知」では認められていませんが，これは，このアの段階で既に税務調査が終了しているためと考えられます。

（3）更正の請求期間の延長等

　納税者が申告税額の減額を求めることができる「更正の請求」の期間が，平成23年12月2日以後に法定申告期限が到来する国税について，法定申告期限から原則5年（改正前1年）に延長されました（国通法23①）。

　あわせて，税務当局による更正決定等の除斥期間が原則5年（改正前3年）に延長されました（国通法70①）。

　従前は「嘆願」という実務慣行により，非公式に税務当局に対して税額の減額変更を求めていましたが，これが解消され，納税者の救済と課税の適正化，制度の簡素化が図られました。

　その他，これに関連し，当初申告要件の緩和等による更正の請求範囲の拡大，「事実を証する書類」の添付義務の明確化，偽りの記載をして更正の請求書を提出した者に対する罰則の創設など，納税者不利の改正も行われています。

第2章　相続税の税務調査の近年の動向　**51**

（4）処分の理由附記等

①　理由附記の改正

　更正，決定，加算税賦課決定，督促，差押えなどの不利益処分や納税者からの更正の請求に対して更正をすべき理由がない旨の通知，青色申告承認申請の却下などの処分を行う場合には，その通知書に処分の理由を記載することとされました（国通法74の14①，行手法8，14）。

②　法体系

　この理由附記は，直接的には行政手続法第8条（理由の提示）と同法第14条（不利益処分の理由の提示）に規定されています。国税に関する処分等に関しては，この行政手続法が一般法として位置づけられ，特段，国税通則法等の法令に規定がない場合には，この行政手続法が適用されることとなります。

　これについて改正前は，国税に関する処分等については，行政手続法の第2章（第8条が含まれます。）と第3章（第14条が含まれます。）の規定は適用除外とされていました（旧国通法74の2）。

　これが改正により，行政手続法第8条と同法第14条を除き適用除外（国通法74の14①）と改められた（つまり第8条と第14条は，適用除外の適用除外ということになります。）ため，結果として，国税に関する処分について，行政手続法第8条と同法第14条が適用される形となりました。

行政手続法第8条

（理由の提示）

　　行政庁は，申請により求められた**許認可等を拒否する処分をする場合**は，申請者に対し，同時に，当該処分の**理由を示さなければならない**。ただし，法令に定められた許認可等の要件又は公にされた審査基

準が数量的指標その他の客観的指標により明確に定められている場合
であって，当該申請がこれらに適合しないことが申請書の記載又は添
付書類その他の申請の内容から明らかであるときは，申請者の求めが
あったときにこれを示せば足りる。

2　前項本文に規定する処分を書面でするときは，同項の理由は，書面
により示さなければならない。

行政手続法第14条

（不利益処分の理由の提示）

　　行政庁は，**不利益処分をする場合**には，その名あて人に対し，同時
に，**当該不利益処分の理由を示さなければならない**。ただし，当該理
由を示さないで処分をすべき差し迫った必要がある場合は，この限り
でない。

2　行政庁は，前項ただし書の場合においては，当該名あて人の所在が
判明しなくなったときその他処分後において理由を示すことが困難な
事情があるときを除き，処分後相当の期間内に，同項の理由を示さな
ければならない。

3　不利益処分を書面でするときは，前二項の理由は，書面により示さ
なければならない。

国税通則法第74条の14第1項

（行政手続法の適用除外）

　　行政手続法（平成5年法律第88号）第3条第1項（適用除外）に定
めるもののほか，国税に関する法律に基づき行われる処分その他公権
力の行使に当たる行為（酒税法第2章（酒類の製造免許及び酒類の販
売業免許等）の規定に基づくものを除く。）については，**行政手続法
第2章**（申請に対する処分）**（第8条**（理由の提示）**を除く。）及び第
3章**（不利益処分）**（第14条**（不利益処分の理由の提示）**を除く。）の**
規定は，**適用しない**。

③ 理由附記の程度

　理由附記は，例えば，「○○法第○○条に基づき更正した。」などといった抽象的・形式的なものではなく，具体的に，「納税義務者がその記載内容から了知し得る程度」に記載する必要があります（FAQ職員5-22）。

　「納税義務者がその記載内容から了知し得る程度」に記載しなければならない趣旨は，理由附記の趣旨が「原処分庁による恣意の抑制」と「不服申立ての便宜」にあるから（最高裁昭和60年4月23日第二小法廷判決）であり，根拠法令の明記といった記載の程度では，納税者が不服申立てによって権利を救済する機会に制約を課すことになるからです。

　この程度を満たさない行政処分は，不適法なものとなり，取り消される可能性があるため，税務当局の事務負担の増加の大きな一因となっているようです。

3　行政不服審査法の改正に伴う国税通則法の改正

（1）行政不服審査法の見直し

　行政不服審査法は，国税に限らず，行政上の不服申立てを行う場合全般に適用される一般法として定められている法律です。

　行政不服審査法は昭和37年に制定されましたが，以降50年以上にわたって実質的な改正は行われていませんでした。

　しかし，平成5年に行政手続法が制定され，さらに平成16年には行政事件訴訟法の抜本的な改正がなされるなど，行政不服審査制度を取り巻く環境は大きく変化しており，行政不服審査法についても時代に即した制度への見直しが課題となっていました。

　こうした背景の中で，行政不服審査法についても改正が行われ，関連

法（「行政不服審査法の施行に伴う関係法律の整備等に関する法律」「行政手続法の一部を改正する法律」）とあわせて平成26年6月13日に公布され，平成28年4月1日に施行されました。

（2）行政不服審査法と国税通則法の関係

前述のとおり，行政不服審査法は，行政に対する不服申立て全般を規定した，「一般法」として位置づけられていますが，国税については，他の行政処分に対する不服申立てとは別に，国税通則法第75条〜第113条の2などによってその仕組みが規定されており，これを行政不服審査法の「特別法」として位置づけています。

国税通則法では，行政不服審査法の内容と異なる部分だけが規定されているわけではなく，国税における不服申立ての仕組みが網羅的・自足的に規定されています。

したがって，この国税通則法の規定は，行政不服審査法の規定と同じ内容のものも数多く存在することから，今般の行政不服審査法の改正にあわせて，「行政不服審査法の施行に伴う関係法律の整備等に関する法律」の中で，国税に係る不服申立手続について定める国税通則法の改正も行われることとなりました（公布・施行については，行政不服審査法の改正と同じです。）。

（3）国税通則法の改正

今般の行政不服審査法改正に伴う国税通則法の改正は，主に次のような趣旨で行われており，行政不服審査法改正の趣旨に沿った内容となっています。

- 納税者の救済手段の拡充
- 納税者の利便性の向上
- 公正性の向上

第2章　相続税の税務調査の近年の動向　**55**

・手続の計画性，効率性の向上

その改正項目は多岐にわたるため，ここではその中でも主なものについて解説をしていきます。

①　不服申立前置主義の見直し

（一）不服申立前置主義とは

日本国憲法第32条では，「何人も，裁判所において裁判を受ける権利を奪はれない。」と規定しており，裁判を受ける権利を保障しているため，行政処分に不服があった場合は，基本的には審査請求を経ることなく，直接取消訴訟を提起することができることとされています（行訴法8①）。

これを「自由選択主義」といいます。

これに対して，「不服申立前置主義」とは，ある行政処分に対してその取消しを求める場合，まず審査請求をした後でなければ，裁判所に対して取消訴訟を提起することができない（一定の場合を除きます。）とする制度で，国税に関してはこの不服申立前置主義が採用されています（国通法115①）。

行政事件訴訟法第8条第1項

　処分の取消しの訴えは，当該処分につき法令の規定により審査請求をすることができる場合においても，直ちに提起することを妨げない。ただし，法律に当該処分についての審査請求に対する裁決を経た後でなければ処分の取消しの訴えを提起することができない旨の定めがあるときは，この限りでない。

国税通則法第115条第1項

　国税に関する法律に基づく処分（第80条第3項（行政不服審査法との関係）に規定する処分を除く。以下この節において同じ。）で不服

申立てをすることができるものの**取消しを求める訴えは，審査請求についての裁決を経た後でなければ，提起することができない。**ただし，次の各号のいずれかに該当するときは，この限りでない。

一　国税不服審判所長又は国税庁長官に対して審査請求がされた日の翌日から起算して３月を経過しても裁決がないとき。

二　更正決定等の取消しを求める訴えを提起した者が，その訴訟の係属している間に当該更正決定等に係る国税の課税標準等又は税額等についてされた他の更正決定等の取消しを求めようとするとき。

三　審査請求についての裁決を経ることにより生ずる著しい損害を避けるため緊急の必要があるとき，その他その裁決を経ないことにつき正当な理由があるとき。

（二）改正前

改正前は，異議申立て（原処分庁に対して行うもの）および審査請求（国税不服審判所長に対して行うもの）の２段階の手続（原則２段階の不服申立前置）を経た後でなければ，原処分の取消訴訟を提起できないこととされていました（旧国通法115①，旧国通法75①②③）。

つまり，必ず^(※)異議申立てをし，その決定を受けたあとでなければ審査請求をすることができませんでした。

（※）ただし，異議申立てをした日の翌日から３月を経過しても異議申立てについての決定がない場合には，当該申立てに係る処分について決定を経ないで審査請求を行うことが認められており（旧国通法75⑤），また，青色申告に係る更正に不服があるとき，その他正当な理由がある場合など，一定の場合には，異議申立てを経ずに，直接審査請求をすることが可能でした（旧国通法75④）。

（三）改正後

改正によりこの２段階の不服申立前置が改められ，国税に関する処分に不服がある者は，「直接審査請求をする」か「再調査後に審査請求を

し，２段階の審査を受ける」かのいずれかを選択することができるようになりました（国通法75①一）。

なお，改正前の手続にあった処分庁に対する「異議申立て」は，行政不服審査法の改正に合わせて「再調査の請求」に改められています。

また，改正前の手続と同様に再調査の請求を行った日の翌日から起算して３月を経過しても再調査の請求についての決定がない場合，その他正当な理由がある場合には，当該再調査に係る処分について，決定を経ないで，国税不服審判所長に対して審査請求を行うことが認められています（国通法75④）。

② 不服申立期間の延長

（一）改正前

改正前の２段階の不服申立前置の下では，不服申立ての期間制限は下記のとおりでした。

ア　第１段階（異議申立てまたは異議申立てを経ずに行われる審査請求）

… 処分のあったことを知った日の翌日から２ヶ月以内（旧国通法77①）

イ　第２段階（異議申立て決定後の審査請求）

… 異議決定書の送達があった日の翌日から１ヶ月以内（旧国通法77②）

（二）改正後

上記，不服申立期間制限が，以下のとおり改正されました。

ア　第１段階（再調査の請求または直接される審査請求）

… 処分のあったことを知った日の翌日から３ヶ月以内（国通法77①）

イ　第２段階（再調査の請求後の審査請求）

… 再調査決定書の謄本の送達があった日の翌日から１ヶ月以内（国

通法77②)

　つまり,第1段階の期間制限が1ヶ月延長され,第2段階には変更がないということになります。
　この延長により原処分庁の行った処分の内容の前提事実について,より詳細に検討を行うことができ,不服申立てを行うための主張に関する準備期間が長くなったことになりますので,準備をしっかりした上で,不服申立てを行うことが可能となりました。

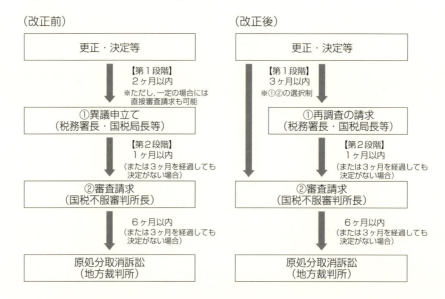

③　閲覧請求書類の範囲の拡大等
(一)　閲覧可能対象者の拡大

　従前は,閲覧請求については審査請求人と参加人についてのみ規定されており,原処分庁については規定されていませんでした(旧国通法96②,109⑤)。
　改正後は,「審理関係人(審査請求人,参加人,原処分庁)は…(中

略）…書類の交付を求めることができる」とされたことから原処分庁についても閲覧可能対象者に含まれることとなりました（国通法97の3①）。

(二) 閲覧対象書類の拡大

従前は，審査請求人や参加人が閲覧請求を行った場合，閲覧対象となっていた書類は，原処分庁が任意に提出した証拠書類等のみとされていました（旧国通法96②，109⑤）。

これが，改正により原処分庁が任意に提出した証拠書類等（国通法96②）のみならず，担当審判官が審理のための質問検査権により収集した証拠書類等（国通法97）についても閲覧が可能となりました（国通法97の3①）。

さらに，上記（一）により，閲覧可能対象者に原処分庁が追加されたことに伴い，審査請求人や参加人が提出した証拠書類等（国通法96①）と担当審判官が審理のための質問検査権により収集した証拠書類等（国通法97）について，原処分庁が閲覧可能となりました（国通法97の3①）。

つまり，各審理関係人がそれぞれ提出した証拠書類等と担当審判官が収集した証拠書類は，一定のマスキングの手続を経た上で，全員で共有が可能となったということです。

(三) 写しの交付

またさらに，改正前は「閲覧」のみ認められており，「写し等の交付」は認められていなかった（旧国通法96②，109⑤）ため，書類等の閲覧を行った場合，閲覧内容等については，自分で書き写しておく必要がありました。

改正後は実費の範囲内で所定の手数料を支払うことにより「写し等の交付」を受けることができることとされました（国通法97の3①④）ので，納税者にとって利便性が向上したといえます。

60 第1部　税務調査の基礎知識

④　審理手続の計画的進行

　改正国税通則法では，審理関係人（審査請求人，参加人，原処分庁）および担当審判官は，「簡易迅速かつ公正な審理の実現のため，審理において，相互に協力するとともに，審理手続の計画的な進行を図らなければならない。」（国通法92の２）と新たに規定されています。

　また，迅速かつ公正な審理の実現のため，必要に応じて審理関係人を招集し，または，遠隔地に居住している場合，その他相当と認める場合は電話等により，あらかじめ審理手続の申立てに関する意見聴取を行うことができるとされました（国通法97の２①②）。

　これは，審理の内容に関する具体的な意見の聴取といったものではなく，例えば，後述する口頭意見陳述の審査請求人からの申立てなどの審理手続の各種申立て等について，あらかじめ審理関係人との間で，その期日や場所などを申し合わせた上で，審理手続全体を迅速かつ計画的に進行できるようにするための手続です。

　いわば，審理手続のスケジューリングということです。

　したがって，この意見聴取を行った場合は，遅滞なく審理手続の期日および場所，審理手続終結の予定時期を審理関係人に通知するものとされています（国通法97の２③）。

　このように，今般の改正では，審理手続の計画性・効率性の向上のため，審理関係人が協力し，情報を共有しながら審理手続をすすめるような改正が随所で行われています。

⑤　口頭意見陳述における質問権の創設

　改正前の口頭意見陳述は，審判所と審査請求人の間で実施され，審査請求人が自分の意見を口頭で述べるのみ（旧国通法101①）というものでしたが，改正後は，まず，「すべての審理関係人を招集」した上で行われる（国通法95の２①③）ことになりました。

したがって，口頭意見陳述には原処分庁も招集される（ただし，運用上，審査請求人が希望しない場合には招集されません。）こととなりましたので，これに伴い，申立人（口頭意見陳述の申立てをした審査請求人または参加人）は，担当審判官の許可を得て，原処分庁に対して質問を行うことができることとなりました（国通法95の2②）。

⑥　参加人意見書の提出等

不服審査の手続は，まず審査請求人から審査請求書が提出され，これが適法に受理された場合には，原処分庁からその主張等を記載した「答弁書」が提出されます（国通法93①）。

その後，この答弁書に対して，審査請求人が「反論書」を提出する（国通法95①）という流れで行われることとなりますが，今般の改正では，この審査請求人が提出する「反論書」に加え，参加人においても「参加人意見書」を提出することが認められることとなりました（国通法95②）。

また，この「答弁書（原処分庁）」「反論書（審査請求人）」「参加人意見書（参加人）」は，それぞれ，他の審理関係人にも送付されることとなり，すべての審理関係人の間で共有されることとなります（国通法93③，95③）。

⑦　審理のための質問・検査等

国税不服審判所の担当審判官等は，審理のために必要な場合には，審査請求人や参加人の申立てにより，または，独自の判断で職権により，審査請求人・原処分庁・その他の関係者に対して質問検査権を行使することができることとなっています（国通法97①）。

つまり，国税不服審判所の担当審判官等は，審理関係人から提出された証拠書類等のみならず，独自に調査を行い，審理を遂行していくこと

となります。

この点は，裁判所と国税不服審判所で大きく異なる点といえます。

この審理のための質問・検査等について，改正前は，審査請求人と参加人についてのみ申立てができることとされていました（旧国通法97①，109④）が，改正により，原処分庁にもこの申立てが認められることとなりました（国通法97①）。

これは，特に納税者有利という改正ではありませんが，対審性の向上という観点からは当然の改正といえます。

⑧　標準審理期間の設定

国税通則法の改正により，国税庁長官等は，不服申立てがその事務所に到達してから決定，裁決をするまでに通常要すべき標準的な期間（標準審理期間）を定めるように努め，さらにこれを公にする旨が規定（新設）されました（国通法77の2）。

これを受けて標準審理期間が下記のとおり設定され，また，ホームページへの掲載，パンフレット等の備付け・配布等の方法により公表されることとなりました。

（国税庁長官）
- 税務署長または国税局長に対する再調査の請求　…　3ヶ月
- 国税庁長官に対する審査請求　　　　　　　　…　　1年

（国税不服審判所長）
- 国税不服審判所長に対する審査請求　　　　　…　　1年

また，この標準審理期間はあくまで目安であることから，事案によっては，個々の事情に応じて標準審理期間内に処理することができないものもあるため，留意が必要です。

4 平成29年度税制改正─国税犯則取締法の廃止と国税通則法への編入

（1）改正の概要

　国税犯則取締法は，間接税の犯則取締りのために明治16年に制定された法律が前身となっており，昭和23年に直接税についての規定が追加され，名称を国税犯則取締法と改められて以来，大幅な改正は行われていませんでした。

　これが，平成29年度の税制改正にて大幅な改正が行われ，平成30 年4月1日から施行されることとなりました。

　ここでは，その中で主だった内容を解説していきます。

（2）国税通則法への編入

　前述したように，平成30年4月1日以降は，国税犯則取締法が廃止され，国税通則法へ編入されることとなりました。

　改正前の国税通則法は，第1章「総則」から第10章「罰則」までで構成されていましたが，国税犯則取締法に相当する部分が，第11章「犯則事件の調査及び処分」として編入されることとなりました。

（3）現代語化

　国税犯則取締法は昭和23年以降大きな改正が行われていない非常に古い法律であるため，その規定は片仮名・文語体表記がされていました。

　これが，今回の改正において，平仮名・口語体表記に改められ現代語化が行われることとなりました。

64 第1部　税務調査の基礎知識

（4）電磁的記録に係る証拠収集手続の整備（ICT化への対応）

①　改正の背景

　昨今における経済活動のICT化に伴い，調査における証拠収集環境が変化している中，現行の国税犯則取締法では対応しきれない事案も増加しており，こうした状況への対応が喫緊の課題となっていました。

　また，刑事訴訟法においては，既に平成23年の改正で電磁的記録の証拠収集手続の整備がされており，犯則事件と収集する証拠などが類似する財政経済事犯等の捜査においてもこれが有効に機能しているという状況がありました。

　このような状況の中，現行の国税犯則取締法についても電磁的記録に係る証拠収集手続について，刑事訴訟法の規定を参考にして整備されることとなりました。

②　具体的な内容

　具体的には，パソコンを差し押さえる際，そのパソコンで作成したデータがクラウド上に保存されている場合には，そのデータをパソコンにダウンロードした上で，そのパソコンを差し押さえることが可能となりました。

　また，調査対象者に対し，パソコンの操作その他の必要な協力を求めることもできることとなりました。

　これは，パスワードの入力等，セキュリティ解除などを想定しているものと思われます。

　これに加えて，クラウドの運営会社等に命じて，必要なデータを記録媒体に記録または印刷させた上，当該記録媒体を差し押さえることができることとなりました。

　また，必要があるときは，電話会社やプロバイダ等の通信事業者等に

対し，通信履歴のデータを30日（特に必要があって延長する場合には，通じて60日）を超えない期間を定めて，消去しないよう求めること（この場合において，必要があるときは，みだりにこれらに関する事項を漏らさないよう求めること）ができるようになるなど，電子情報に関する差押えに関する規定が整備されました。

さらには，パソコンを差し押さえる際，パソコン本体の差押えに代えて，そのデータを他の記録媒体にコピーするなどして，その記録媒体を差し押さえることも可能となりました。

（5）関税法の犯則調査手続等を踏まえた改正

① 改正の背景

国税に関する犯則調査を規定した法律としては，他に関税法がありますが，国税犯則取締法は，前述のとおり，昭和23年以降大幅な改正が行われていないこともあり，関税法と比べてその規定内容に不備があることが指摘されていました。

また，平成4年の金融商品取引法の改正および平成17年の独占禁止法の改正により犯則調査が導入された際，関税法の規定にならう形で規定が整備されたという背景もあり，今回の改正において，国税通則法編入後の国税犯則調査手続についても，関税法の規定にならって整備されることとなりました。

② 具体的な内容

具体的な内容については多岐にわたるため，ここではその中でも主だったものを解説していきます。

（一）郵便物等の差押え

郵便物などは，差出人から差し出された後，受取人に配達されるまでの間，その郵便物は一時的に郵便局が保管することとなります。

66 第1部　税務調査の基礎知識

　このように通信事務取扱者が保管する郵便物等で，犯則嫌疑者が発信人または受信人になっているものについては，許可状の交付を受けて，差し押さえることができることとなりました（犯則嫌疑者が発信人または受信人となっていないものについては，犯則事件に関係のあるものに限られます。）。

　なお，その差押えをした場合には，犯則調査の妨げとなる場合を除き，その旨を発信人または受信人に通知する必要があります。

(二) 夜間調査の実施可能

　国税犯則取締法では，臨検，捜索または差押えは原則として日没から日出までの間は，新たに着手できないこととされてきました。（国犯法8①）ただし，既に着手しているものについては，日没後も継続することは可能です（国犯法8②）。

　また，旅館，飲食店など夜間営業をしている場所については，その営業時間内であれば，日没後でも新たな着手が可能です（国犯法8③）。

　一方，関税法においては，許可状に夜間でも執行することができる旨の記載がある場合は夜間でも新たに着手することができる（関税法124①）こととされており，今回の国税通則法編入後の国税犯則調査手続においても同様の改正がされることとなりました。

(三) 領置・差押物件を還付できない場合の手続

　強制調査により領置・差押えがされた物件については，留置（リュウチ）の必要がなくなったときは還付しなければならないこととされています（国犯法7④）。

　しかしながら，返還を受けるべき者の住所が不明等の場合は，還付をすることができず，このような場合の取扱いが国税犯則取締法には定められておらず，税務当局に滞留する状況となっていました。

　一方，関税法においては，このような場合，その旨の公告を行い，その公告の日から6ヶ月が経過しても，還付請求がないときは，国庫に帰

属するという規定がありました（関税法134②③）。

　ついては，今回の国税通則法編入後の国税犯則調査手続においても同様の改正がされることとなりました。

5　海外事案の調査について

（1）海外事案の調査に関する近年の動向

①　国際的動向

　近年，パナマ文書・パラダイス文書の公開によりタックスヘイブンを利用した租税回避が世界的に問題となるなか，OECD租税委員会（議長：浅川財務省財務官）によりBEPSプロジェクト（Base Erosion and Profit Shifting：税源浸食と利益移転）が立ち上げられ，平成27年９月に最終報告書がまとめられるなど，国際的にこのような問題に対処する気運が高まっています。

　これに伴い，様々な国際ルールの制定，見直しが行われており，日本に対してもこれにあわせた国内法の整備等の対応が求められています。

②　日本国内の現状

　また，日本国内においても経済のグローバル化が進展し，国際的な取引が恒常的に行われるようになっており，そのすそ野が大企業のみならず，個人の富裕層にまで広がりを見せています。

　その結果，個人の富裕層を中心に国外財産の保有も増加傾向にあり，タックスヘイブン等を利用した国際的な租税回避行為も確認されています。

③ 税務当局の取組み

このような国内外の状況の中，適正公平な課税を実現していくという観点から，国際的な租税回避への適切な対応が重要課題となっています。

毎年国税審議会が発表している「税務行政の現状と課題」という資料においても，ここ数年「国際課税」や「富裕層への対応」といった項目が毎年取り上げられており，さらに，平成28年10月25日，「国際戦略トータルプラン」が公表され，今後の対応方針が示されました。

また，実際に税務調査においては，実地調査全体の件数に占める海外関連事案実地調査件数の割合が増加傾向にあり，税務当局のこの問題に対する積極的な姿勢がうかがえます。

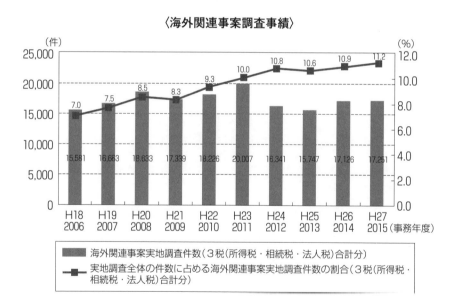

（国税庁『国際戦略トータルプラン―国際課税の取組の現状と今後の方向―』）

（2）国際戦略トータルプランの概要

上記のとおり，海外事案の調査に対する税務当局の対応については，

「国際戦略トータルプラン」にまとめられています。

　具体的には,「1　情報リソースの充実」「2　調査マンパワーの充実」「3　グローバルネットワークの強化」「4　富裕層対策」という大きな4つの柱によって構成され,それぞれ具体的な方策が示されています。

〈国際戦略トータルプランの枠組み〉

1　情報リソースの充実（情報収集・活用の強化）
・国外送金調書の活用
・国外財産調書の活用
・財産債務調書の活用
・租税条約等に基づく情報交換
・CRS（共通報告基準）による金融口座情報の自動的交換
・多国籍企業情報の報告制度の創設
2　調査マンパワーの充実（専門体制の整備・拡充）
・国税局統括国税実査官（国際担当）・国際調査課
・国税局・税務署国際税務専門官
・富裕層PTの設置・拡大
・弁護士や金融機関出身者等の外部専門家（特定任期付職員）の採用
・研修の実施,人材の育成
・国際課税関係の体制整備
3　グローバルネットワークの強化（外国当局との協調等）
・租税条約等に基づく情報交換（再掲）
・国際的な枠組みへの参画
・徴収共助制度の活用
・相互協議の促進
4　富裕層対策
・富裕層PTの設置・拡大（再掲）

　このように,情報収集,人材,国際協力などの観点から様々な対応策が示されていますが,以下,その内容を解説していきます。

70 第1部 税務調査の基礎知識

（3）情報リソースの充実（情報収集・活用の強化）

① 国外送金等調書

　100万円超の国外送金および国外からの送金の受領があったときに，金融機関は，その送金者（または受領者）の氏名，住所，個人番号または法人番号，取引金額・内容等の一定の事項を記載した国外送金等調書を税務当局に提出しなければなりません（国調法4①）。

　国外送金等調書の提出義務は金融機関にありますが，国外送金等をする者には，その国外送金等につき，一定の事項を記載した告知書を金融機関に提出する義務があり，これを提出しなかった場合，または偽りの記載をした場合には罰則（1年以下の懲役または50万円以下の罰金）があります（国調法3①，9一）。

　また，税務職員等にはこの国外送金等調書の提出に関する調査について必要があるときは，その提出義務者に対する質問検査権があります（国調法7①②）。

② 国外財産調書

　国外財産調書制度とは，その年の12月31日において，その価額の合計額が5,000万円を超える国外財産を有する居住者が，その財産の種類，数量および価額その他の必要な事項を記載した国外財産調書を，その年の翌年の3月15日までに提出しなければならない制度です（国調法5）。

　また，国外財産調書を提出期限内に提出した場合には，国外財産調書に記載のある国外財産に関する申告漏れが生じたときであっても，その申告漏れに係る過少申告加算税等が5％軽減されます（国調法6①）。

　反対に，提出期限内に提出がない場合または提出期限内に提出した国外財産調書に記載すべき国外財産の記載がない場合に，その国外財産に関する申告漏れが生じたときは，その申告漏れに係る過少申告加算税等

が5％加重されます（国調法6②）。

また，平成27年1月1日以降に提出すべき国外財産調書に偽りの記載をした場合または正当な理由なく提出期限内に提出しなかった場合は，罰則（1年以下の懲役または50万円以下の罰金）があります（国調法10①②）。

また，税務職員等にはこの国外財産調書の提出に関する調査について必要があるときは，その提出義務者に対する質問検査権があります（国調法7②）。

③　財産債務調書

その年の一定の所得金額が2,000万円を超え，かつ，その年の12月31日において価額の合計額が3億円以上の財産または価額の合計額が1億円以上の有価証券等（国外転出時課税の対象となるものに限ります。）を有する者は，財産の種類，数量，価額などを記載した財産債務調書を翌年3月15日までに提出しなければなりません（国調法6の2）。

また，この制度にも，上記②と同様の過少申告加算税等の5％加重または軽減措置（国調法6の3①②），および質問検査権の規定があります（国調法7②）。

④　租税条約等に基づく情報交換

国外財産については，外国の主権（執行管轄権）による制約のため，外国金融機関等に対する調査権限の行使が困難であることから，資料・情報の収集が困難となります。

そこで，租税条約やCRSなどの枠組みで，外国の税務当局との間で租税情報交換の協力体制を確立し，国際的な租税回避への対応を可能にしています。

また，最近では，新たにチリ，ラトビア，スロベニアとの間での租税

72 第1部　税務調査の基礎知識

条約の締結や，パナマとの租税情報交換協定の締結，また，バハマとの租税情報交換協定が改定されるなど，そのネットワークの拡大も行われています。

　この租税情報の交換には，「要請に基づく情報交換」「自発的情報交換」「自動的情報交換」の3つの類型があり，下記のとおり活発な情報交換が行われています。

〈平成28事務年度の情報交換件数〉

要請に基づく情報交換		自発的情報交換		自動的情報交換	
提供	入手	提供	入手	提供	入手
473件	415件	272件	549件	531,000件	205,000件

(国税庁『平成28事務年度における租税条約等に基づく情報交換事績の概要』
を基に税理士法人チェスター編集)

(一) 要請に基づく情報交換

　要請に基づく情報交換は，個別の納税者に対する調査において，国内で入手できる情報だけでは事実関係を十分に解明できない場合に，相手国（または地域）の税務当局に必要な情報の収集・提供を要請するものです。

　この取組みは，従来から存在していましたが，外国税務当局への個別の要請が必要なこともあり，網羅的に納税者情報を集めることは困難とされてきました。

(二) 自発的情報交換

　自発的情報交換とは，自国の納税者に対する調査等の際に入手した情報で外国税務当局にとって有益と認められる情報を自発的に提供する仕組みです。

(三) 自動的情報交換

　自動的情報交換とは，法定調書等から把握した非居住者等への支払い等（配当，不動産所得，無形資産の使用料，給与・報酬，キャピタルゲ

イン等）に関する情報を支払い国の税務当局から受領国の税務当局へ一括して送付する仕組みです。

上記のとおり，最も多く活用されている方法といえます。

⑤ CRS（共通報告基準）による金融口座情報の自動的交換

上記，自動的情報交換の枠組みの１つとして近年注目されているのが，このCRS（共通報告基準）です。

2008年のUBS事件等を受けて，アメリカにおいて外国口座税務コンプライアンス法（FATCA：Foreign Account Tax Compliance Act）が成立し，このFATCAへの対応について，アメリカとヨーロッパ５ヶ国の合意が成立したことを契機に，2012年OECDは各国税務当局間で非居住者の口座情報を提供し合う自動情報交換に関する国際基準の策定に着手しました。

その後，2014年OECD租税委員会が「共通報告基準（CRS：Common Reporting Standard)」を公表し，G20財務大臣・中央銀行総裁会議がこれを支持するに至りました。

これにより，各国はこのCRSに従った自動情報交換を実施するための国内法制を整備することとなり，日本においても，平成27年度税制改正で非居住者に係る金融口座情報の自動的交換のための報告制度が整備され，平成29年から金融機関による対象口座の特定手続を行い，平成30年に前年分の報告を金融機関から受け，自動情報交換を開始することとなりました。

これにより，各国の税務当局は，それぞれ自国にある金融機関から非居住者にかかる金融口座情報を報告させ，非居住者の各居住地国の税務当局に対して，年１回まとめて相互に提供することとなります。

これにより，非居住者の口座情報が網羅的かつ自動的に交換されることになるため，現状より格段に多くの国外財産にかかる情報を税務当局

が把握することになると見込まれます。

具体的には，下記の情報が対象となります。

【対象金融機関】
- 銀行等の預金機関
- 生命保険会社等の特定保険会社
- 信託等の投資事業体

【対象口座】
- 普通預金口座等の預金口座
- 貯蓄性の保険契約，年金保険契約
- 証券口座等の保管口座
- 信託受益権等の投資持ち分

【対象情報】
- 口座保有者の氏名，住所
- 納税者番号
- 口座残高
- 利子，配当等の年間受取総額等

また，税務職員は，報告事項の提供に関する調査について必要があるときは，その報告義務者に対する質問検査権があります（実特法10の8①）。

また，報告事項の提供義務違反などがあった場合には6月以下の懲役または50万円以下の罰金に処せられます（実特法13④一，二）。

⑥　多国籍企業の報告制度の創設

多国籍企業のグローバルな活動・納税実態を把握するため，BEPSプロジェクトの勧告を踏まえ，平成28年度の税制改正において，多国籍企業グループの国ごとの活動状況に関する情報（「国別報告事項」），多国

籍企業グループのグローバルな事業活動の全体像に関する情報（「事業概況報告事項（マスターファイル）」，および関連者との取引における独立企業間価格を算定するための詳細な情報（「ローカルファイル」）を税務署に提供（または作成・保存）することが義務付けられました。

（4）調査マンパワーの充実（専門体制の整備・拡充）

　税務当局では，国際的租税回避に対応するため，人材面でも力を入れています。

　具体的には，国税局における，国税局統括国税実査官（国際担当）および国際調査課の設置により，国際的租税回避事案の調査企画，調査手法の研究・開発を行うとともに，国税局・税務署において国際税務専門官を設置し，各調査者への調査支援・OJT研修を行うなど，専門性の高い海外事案に対して，専門部署を設けて対応しています。

　また，今後は，これらの専門部署の増員を予定しており，さらに国税庁国際課税企画官（仮称）の新設も予定しています。

　その他，弁護士や金融機関出身者等の外部専門家を採用し，国際課税に係る法令の適切な解釈・適用，複雑・高度化する金融商品等に対する課税上の問題点の解明等を的確に行っています。

（5）グローバルネットワークの強化

　上記（3）④にあるとおり，租税条約や租税情報交換協定の拡大を行うとともに，OECD加盟国を中心としたBEPSプロジェクトやCRSなどの国際的な枠組みにも積極的に参加することにより，各国との協力体制が強化されています。

　その他，国外の財産に対する滞納処分を可能にする，税務行政執行共助条約（いわゆる「マルチ条約」）または「徴収共助」の規定を含む租税条約や国際的な二重課税の排除のため，税務当局間で相互協議を行う

76 第1部 税務調査の基礎知識

規定を含む租税条約を締結しています。

（6）富裕層対策（富裕層PT）

① 富裕層に対する税務当局の取組み

　富裕層については，その資産運用形態が多様化・国際化していることを踏まえ，運用益等に適正に課税するとともに，将来の相続税課税に向けて情報の蓄積を図る必要があることに加え，弁護士や税理士等の専門家，富裕層向けのサービスを展開する金融機関等が関わることにより，複雑な取引の組み合わせで税負担を軽減・回避しようとすることがあるため，富裕層への取組みを重点課題として掲げ，税務当局も特に積極的に情報収集や調査を実施しています。

　とりわけ，富裕層の所得金額については，平成28事務年度の税務調査において申告漏れが指摘された441億円のうち，およそ3割程度の137億円が海外投資などを行っている富裕層に係る調査で発見されており，特に海外資産に対する情報収集が重要となっています。

② 富裕層PT

　平成26事務年度より，東京，大阪，名古屋の各国税局に重点管理富裕層プロジェクトチーム（富裕層PT）を設置していましたが，平成29年7月10日から全国税局（沖縄国税事務所を含みます）に設置されることとなりました。

　この富裕層PTは，国際課税にも精通し，豊富な調査経験を有する統括国税実査官（国際担当）を中心に構成されています。

　富裕層PTでは，まず形式基準と実質基準に照らし，「重点管理富裕層」を選定します。

　まず，形式基準で一定の金額基準により「見込保有資産総額が特に大きい者」として対象者を選定しますが，これに該当しない場合も，「一

定規模以上の資産を保有し，かつ，国際的租税回避行為その他富裕層固有の問題が想定され，重点管理富裕層として特に指定する必要があると認められる者」として，実質基準により選定されることとなります。

そして，資料情報の分析等によりさらに重点管理富裕層を次の3つに区分することとなります。

【Aグループ】
課税上の問題が指摘され，調査企画の着手が相当と認められる者
【Bグループ】
課税上の問題は顕在化していないものの，多額な保有資産の異動が見受けられるなど，継続的な注視が必要と認められる者
【Cグループ】
上記以外で，経過観察が相当と認められる者

（7）税理士としての対応

このように，税務当局としては，海外事案の調査に非常に力を入れており，さらには，国際的な後押し，協力も加わるため，この流れは今後さらに加速していくものと思われます。

相続税の申告をした納税者については，正にこの取組みのターゲットとなりますので，その申告や税務調査の対応をする我々税理士にとって，非常に重要な問題といえます。

したがって，税理士としては，相続人からのヒアリング，財産債務調書・国外財産調書の提出の有無はもちろん，通帳等の過去の入出金などから海外とのやりとりがないかの確認，被相続人の略歴等により海外へ居住していた期間がないかの確認等により，海外財産の申告漏れがないよう細心の注意を払う必要があります。

また，相続税の申告業務を受注すると，納税者の方から「海外の預金

78 第1部 税務調査の基礎知識

は税務署にバレないでしょう？」などといったお話をされることもあるかと思いますが，そのような方には，このような税務当局の取組みをご説明するとよいでしょう。

〈参考：相続税調査における海外資産関連事案に係る調査事績〉※再掲

	平成23 事務年度	平成24 事務年度	平成25 事務年度	平成26 事務年度	平成27 事務年度	平成28 事務年度
海外資産関連事案に係る実地調査件数	741件	721件	753件	847件	859件	917件
海外資産に係る申告漏れ等の非違件数	111件	113件	124件	112件	117件	117件
海外資産に係る申告漏れ課税価格	72億円	26億円	163億円	45億円	47億円	52億円

(国税庁HPを基に税理士法人チェスター作成)

6 平成29事務年度以降の相続税税務調査選定基準の見直し

(1) 近年の税務調査の動向

平成27年の課税ベース拡大により，相続税の申告件数が大幅に増加することとなりました（詳細は，「第1部第2章1 近年の税務調査件数などの統計データ」参照）。

一方，国税庁の職員の定員については，申告件数の増加に見合った増員が見込めない状況となっています。

そこで，より効率的な税務調査を行う必要があるため，税務調査の選定基準の見直しが行われることとなりました。

（2）相続税調査の処理区分と選定基準

① 処理区分

　具体的には，粗選定その他の情報収集が完了した後，申告審理の段階で，「Ⓐ事後処理（実地の調査以外の調査）」，「Ⓑ実地調査」，「Ⓒ非課税」，「Ⓓ省略」の４区分に分類されることになります（詳細は，「第1部第3章1　通常の税務調査の流れ」参照）。

処理区分	事案の内容
Ⓐ事後処理（実地の調査以外の調査）	事後処理（実地の調査以外の調査）対象事案の選定基準に該当する事案
Ⓑ実地調査	実地調査対象事案の選定基準に該当する事案
Ⓒ非課税	上記以外で納付すべき税額が算出されない事案
Ⓓ省略	上記以外の事案

② 選定基準

（一）事後処理（実地調査以外の調査）の選定基準

　資産税事務提要によると，「事後処理（実地調査以外の調査）の選定基準は，次のとおりとし，原則として非違の内容が明らかで机上において処理することができると認められるものとする（事後処理（行政指導）対象事案を除く）」とされています。

- 無申告事案のうち申告を要すると認められるもの
- 相続財産の一部が申告されていないもの
- 特例適用事案でその適用について誤りがあるもの
- 相続財産の評価方法または評価の前提となる事実関係に誤りがあると認められたもの
- 税額の計算または評価額の計算に誤りがあると認められるもの
- 上記以外の事案で事実等の確認を必要とするもの

80 第1部　税務調査の基礎知識

（二）実地調査の選定基準

　資産税事務提要では，実地調査の選定基準は残念ながら不開示とされ
ており，その詳細は明らかではありません。

③　各処理区分ごとの調査方法

　上記のような事案は，既に「粗選定基準」という基準により，ふるい
にかけられた事案です（詳細は，「第1部第3章1　通常の税務調査の
流れ」参照）。

　このような事案を，まず，上記②（一）（二）の選定基準に照らし区
分していくこととなります。

　ここで注意が必要なのは，非課税事案であっても，まず，上記②（一）
（二）の基準に照らし判断されるということです。

　つまり，配偶者の税額軽減や小規模宅地等の特例の適用により相続税
額が算出されないような事案であっても，「Ⓐ事後処理（実地の調査以
外の調査）」「Ⓑ実地調査」に区分される可能性がありますので注意が必
要です。

　この基準に該当しなかった場合にはじめて，「Ⓒ非課税」「Ⓓ省略」に
区分され，調査が省略されることとなります。

　次に，「Ⓐ事後処理（実地の調査以外の調査）」に区分された場合は，
基本的に電話等により修正申告等の勧奨が行われることとなります。

　この場合，実地調査ではないものの，税務調査には該当することとな
りますので，基本的に「更正の予知」に該当することとなり，過少申告
加算税等が賦課されることに注意が必要です。

　また，「Ⓑ実地調査」に区分された場合には，その後さらに「相続税
の調査優先度等判定表」に照らし優先順位がつけられ，優先順位の高い
ものから順に可能な限り実地調査が行われることとなります。

　したがって，事務年度の前半（特に9月から年内）に実地調査が行わ

れる事案については，優先順位の高いものであることが想定され，事務
年度末（6月末日）に近づくほど，優先順位が低い事案であると考えら
れていることが想定されます。

第3章

相続発生から税務調査までの流れ

1 通常の税務調査の流れ

(1) 概　要

相続発生から税務調査終了までの一般的な流れ（申告書が提出される場合）は次のとおりです。

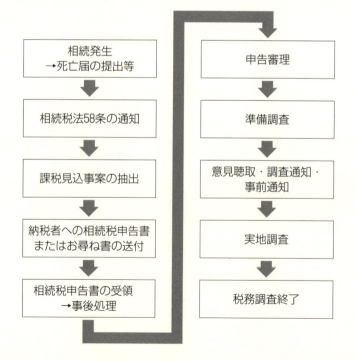

第3章　相続発生から税務調査までの流れ　**83**

（2）相続の開始と死亡届の提出等

　相続は，死亡によって開始します（民882）。

　また，人が死亡したときは，死亡者の同居親族等は，死亡の事実を知った日から7日以内に市区町村に死亡の届出をしなければなりません（戸籍法86①）。

　これは，一般的な「死亡届の提出」の手続ですが，その他，「失踪の宣告」や「認定死亡」の手続があります。

　「失踪の宣告」とは，生死が7年間不明な場合などに，利害関係人が家庭裁判所に請求して行われるもので，失踪の宣告が行われた場合には，その者は死亡したものとみなされます（民30①，31）。

　この場合，失踪者の本籍地または届出人の所在地のいずれかの市区町村に失踪届が提出されることとなります（戸籍法94，63①，25）。

　また，「認定死亡」とは，震災，水難，火災などの災害により死亡したと思われるが遺体が発見できず，その死亡が確認できない場合に，死亡したものと推定される手続です。

　この場合，その災害の調査にあたった官公署が，その死亡地の市区町村に報告をすることになっています（戸籍法89）。

　このように，「死亡届」「失踪の宣告」「認定死亡」のいずれの場合も，その死亡は最終的にどこかの市区町村が把握できる仕組みになっています。

（3）相続税法58条の通知書

　上記（2）の届出等により死亡を把握した市区町村は，税務署に対しその旨を通知する義務が相続税法第58条により定められています（以下「58条の通知書」といいます。）。

　この通知により，税務署は死亡の事実を漏れなく把握できることにな

84 第1部　税務調査の基礎知識

ります。

　この法律によると，市区町村長はその自治体の所在地の所轄税務署長に通知することとなりますが，失踪の宣告や認定死亡の場合，死亡を把握した市区町村と相続税の納税地である被相続人の住所地とが異なる場合があります。

　このような場合には，通知を受けた税務署から納税地の所轄税務署など関係する税務署へも転送される仕組みとなっています。

　また，税務署はその際同時に，市区町村への協力要請により，被相続人が所有する不動産の固定資産税評価額や市区町村民税の課税標準などの情報も収集しています。

（4）課税見込事案の抽出

　提出されたすべての「58条の通知書」は，まず，「相続税の選別索引簿」（課税見込者のリストのようなものと思われます。）と呼ばれる税務署内の情報と照合し，これに記載のある者がピックアップされることとなります。

　続いて，「相続税資料カード」と呼ばれる各種支払調書等，KSKシステム内の情報や，「探聞資料」と呼ばれる，例えば新聞やインターネット，また，いわゆるタレコミや，ときには税務職員が客として訪れた店の情報など，様々な方法により収集した情報が名寄せされ，これを帳票として出力し，「58条の通知書」とともにファイリングされます。

（5）相続税の申告書またはお尋ね書の送付

　相続税の申告書が提出される前の段階で，申告が必要な可能性があると税務署が判断した場合，「相続についてのお尋ね」という用紙（以下，「お尋ね書」といいます。）が，相続人代表（死亡届を提出した相続人など）に送付されることとなります。

また，相当程度申告の可能性が高いと見込まれる場合には，相続税の申告書類一式なども同封されることになります。

このお尋ね書は，法的に回答する義務はありませんが，仮に相続財産が基礎控除額を下回ることとなり，申告不要となった場合は，その旨を回答しておいた方がよいでしょう。

申告義務がある場合には，基本的に申告書を提出すればお尋ね書を提出する必要はありませんが，お尋ね書の期限が到来しても提出がない場合には照会があることがありますので，相続税申告書を提出する予定である旨を回答しておくことが望ましいでしょう。

（6）申告書の受領，事後処理（行政指導）

納税者から申告書が提出されるとまず，署名・捺印，税務代理権限証書の内容などの形式的なチェックが行われます。

その後，相続時精算課税適用者や納税猶予適用者などの確認が行われ，また，添付書類の確認や計算誤り等がないかの検算が行われます。

この段階で計算誤り等が発覚し，申告期限内に訂正が可能なものについては，納税者や税理士に訂正依頼の連絡がありますので，期限に余裕をもって申告しておくとよいでしょう。

また，提出された申告書のデータはKSKシステムに入力されます。

（7）申告審理

① 粗選定

提出された申告書について，どのような形で調査をすべきか，または，調査を省略してよいかなどの検討を行うのが申告審理です。

申告審理を行うにあたっては，詳細な審理を行う前に，まず，「粗選定」という作業が行われます。

粗選定には，「粗選定基準」というものがあり，これに該当するかど

うかの判断を行いますが，その具体的な基準は外部に公開されていないようです。

例えば，粗選定基準の代表的なものに財産規模による選定基準がありますが，高額納税者が比較的多い（高級住宅街が存する）地域を所管する税務署とそうではない税務署では，財産規模による選定基準が異なるようです。

この粗選定基準に該当したものについては，下記②情報収集に移行し，該当しなかったものについては，明らかに申告漏れがあると認められるものを除き，計算誤りや添付書類の確認等の形式的な確認にとどめることとされています。

② 情報収集

次に，粗選定基準に該当したものについての情報収集が行われることとなります。

提出された申告書の他，上記（4）の「58条の通知書」「相続税資料カード」「探聞資料」が収集される他，被相続人等に関係する所得税・法人税・贈与税などの他税目の情報（「財産債務調書」等の調書類を含みます。），その他法定外の蓄積資料なども収集されます。

これらの「署内資料」は，資産課税部門から随時，管理運営部門に収集依頼がされ，毎月下旬までの依頼に対し，翌月上旬までに抽出・帳票出力が行われます。

また，必要に応じて「署外資料」として，親族名義分も含めて取引金融機関等に対して書面や電話により相続財産の種類・数量その他所要事項について照会を行うこととされています（この段階ではまだ反面調査ほど詳細な確認は行われず，あくまで資料収集の段階です。）。

③　申告審理

　申告審理は，案件ごとに随時行われるものではなく，原則として，毎月一定の時期に実施することとされています。

　また，2月，3月分については税務署全体が確定申告の繁忙期であるため，繁忙期明けの4月に行っても差し支えないこととされているようです。

　この段階で，②により収集された情報などを基に，税務調査の方針が決定されます。

　具体的には，「事後処理（実地の調査以外の調査）」「実地調査」「非課税」「省略」の4区分に分類され，それぞれの区分に応じた調査が行われることになります（詳細は，「第1部第2章6　平成29事務年度以降の相続税税務調査選定基準の見直し」参照）。

　これにより，「実地調査」と判定された事案については，「相続税の調査優先度判定表」という基準に照らし優先順位がつけられます。

　そして，各事案ごとに調査日数が見積もられ，優先順位の高いものから順次，実地調査が行われることが決定されます。

　この時，優先順位が相対的に低く，日数不足により当初予定された事務年度に実施できなかった事案については，翌事務年度に繰り越されて実施される場合があります。

④　調査の指令

　そして，この申告審理により選定された調査事案は，さらに国税局の資産課税課，所轄税務署の担当副署長，統括官等により，その難易度に応じて，「特別調査事案」「一般調査事案」「短期実地調査事案」に区分され，「調査の指令（業務指示）」という形で各調査担当者に振り分けられ，次の準備調査に移行することとなります。

　各調査事案の内容は以下のとおりです。

88　第1部　税務調査の基礎知識

「特別調査事案」　　　…相続財産の全貌を把握することが困難である
　　　　　　　　　　　　　など，調査に相当の日数を要すると認められ
　　　　　　　　　　　　　るもののうち，「相続税の調査優先度判定表」
　　　　　　　　　　　　　で一定の区分番号に該当する事案
「一般調査事案」　　　…特別調査事案および短期実地調査事案以外の
　　　　　　　　　　　　　事案
「短期実地調査事案」…相続財産の構成が単純であり問題点が明確で
　　　　　　　　　　　　　あるなど，実地に赴いて行う調査を必要とす
　　　　　　　　　　　　　るものの，明らかに短期間で処理が可能と認
　　　　　　　　　　　　　められるもののうち，「相続税の調査優先度判
　　　　　　　　　　　　　定表」で一定の区分番号に該当する事案

　また，実地調査の判定基準や，上記「相続税の調査優先度判定表」な
どの選定基準はやはり公開されていないようです。

（8）準備調査

①　再調査の確認

　準備調査では，まず，その調査が「再調査」に該当しないかどうかの
チェックが行われます。

　もし，過去に一度実地調査を行ったことがある場合（これを「先行調
査」と呼びます。）には，今回の調査は「再調査」に該当することとな
ります。

　この場合，「新たに得られた情報」がなければ調査を行うことができ
ないため，準備調査の際に先行調査がなかったかどうかをあらかじめ確
認することになっています。

　また，現在では，先行調査が実地調査でない場合は，二度目の調査に
ついては，再調査に該当しないこととされていますが，これは平成27年

第3章　相続発生から税務調査までの流れ　**89**

度の税制改正で追加された取扱いです。

　それ以前は，先行調査が実地調査でない場合においても，二度目の調査は再調査に該当することとされていたことから，先行調査の有無の確認が現在よりも煩雑でした。

②　事前通知の検討

　国税通則法では，申告内容などの各種情報に鑑み，違法または不当な行為を容易にし，正確な課税標準等または税額等の把握を困難にするおそれ，その他調査の適正な遂行に支障を及ぼすおそれがあると認められる場合には，事前通知を要しない，いわゆる無予告調査が可能とされています（国通法74の10）。

　したがって，準備調査の段階でこのような場合に該当するかどうかについて検討を行い，さらに統括官，担当副署長等の決裁を受けた上で，必要に応じて無予告調査を実施することとしています。

③　申告内容の精査，非違事項の検討

　準備調査では，上記（7）②などで収集された申告書，その他各種情報を精査し，非違事項がないかどうかが徹底的に調査されます。

　実地調査では，通常1日から2日程度の限られた時間しか予定されていないため，その限られた時間内に効率的に成果を挙げるためにもこの準備調査が非常に重要な作業となります。

　また，準備調査は机上だけで行われるものではなく，必要に応じて，賃貸物件等の不動産などの現地に赴き，使用状況等を確認するいわゆる外観調査も行われます。

　その他，相続税の調査ではあまり見られませんが，例えば，飲食業を営む納税者への調査を行う場合には，実際にそのお店へ客として来店し，レジ打ちの有無，客数，客単価，回転数などを調査するいわゆる内偵調

90 第1部 税務調査の基礎知識

査も行われることがあります。

（9）意見聴取・事前通知・調査通知

① 意見聴取

　申告書に書面添付がある場合は，準備調査が完了し，統括官等の決裁を受けた後に，意見聴取が行われることとなります。

　この意見聴取で調査官の疑問点が解消された場合や調査の必要性がないと認められたときは，実地調査に移行しないこともあります。

② 事前通知

　税務調査の際は，原則として納税者に対し，以下の内容の事前通知が行われます。

　（一）実地調査を行う旨

　（二）調査の開始日時

　（三）調査が行われる場所

　（四）調査の目的

　（五）調査の対象となる税目

　（六）調査の対象期間

　（七）調査の対象となる帳簿書類その他の物件

　（八）その他調査の適正かつ円滑な実施に必要なものとして政令で定める事項

　この通知方法は法令上規定されておらず，原則として電話により口頭で行われます。

　事前通知は，調査開始日前までに相当の時間的余裕を置いて行われることとされており，調査を予定している日の1週間以上前であることが一般的です。

　また，合理的な理由がある場合には調査日時の変更の協議を税務署に

第3章　相続発生から税務調査までの流れ　**91**

申し出ることが可能です。

　変更の申出は，電話での口頭によるもので問題ありません。

　また，上記事前通知の項目の中には，「（二）調査の開始日時」および「（三）調査が行われる場所」が含まれていることから，実務上はまず電話による日程および場所の調整が行われ，これが確定した上で，正式な事前通知がされることとなります。

③　調査通知

　従前は，更正の予知前であれば加算税は免除されることから，例えば，日程調整の連絡があった段階で，その日程調整に時間をかけたり，また，相当程度期間を置いた日時を設定した上で，その間に修正申告書を提出し，加算税の賦課を免れている事案が散見されていました。

　このような事態に対処するため，平成28年度の税制改正により，新たに「調査通知」という仕組みを設け，この「調査通知」以後であれば，更正の予知前であっても，通常よりも５％低い割合で加算税が賦課されることとなりました（詳細は，「第１部第１章５　附帯税」参照）。

　この「調査通知」に必要な項目は，

　（一）実地調査を行う旨

　（二）調査対象期間

　（三）調査対象税目

の３項目のみとされており，事前通知の項目にあった開始日時や実施場所など，納税者や税理士との調整が必要な項目が除外されているため，上記のような事態が解消されることとなりました。

（10）実地調査

　このように，様々な段階を経て，ようやく実地調査が行われることになります。

92 第1部 税務調査の基礎知識

　相続税の実地調査は，被相続人の自宅などで行われるケースが一般的です。

　また，税理士の事務所など，それ以外の場所で行うことも可能ですが，調査官の依頼した資料が自宅にしかない場合には調査が円滑に進行しないといったケースがあるため，難色を示されることもあります。

　このような場合には，調査当日までに必要な資料を準備しておくことが必要でしょう。

　当日の調査は午前10時頃に開始されることが一般的です。

　基本的に調査官は2名で臨場し，まず，軽いあいさつや名刺交換などが行われます。

　その際，調査官が自ら身分証明書や質問検査章を提示する場合もありますが，もし提示がなかった場合は，こちらから提示を求めるようにしましょう。

　午前中は基本的に口頭による質問が中心となります。

　まずは，軽い雑談から入ることが一般的です。この冒頭の雑談は，例えば天気の話など，お互いの緊張をほぐすために行われるもので，特に他意はない場合がほとんどです。

　その後，被相続人の入院履歴，生前の職業，趣味などの一般的な質問から，預金などの財産の管理状況，生活費の支出状況などにいたるまで様々な質問が投げかけられます。

　また，質問は被相続人に関するものに限られず，相続人に関する質問も行われます。

　生前贈与がなかったか，相続人名義の預貯金がどのような経緯で形成されたかなどです。

　特に，専業主婦など，自分自身の収入がない相続人名義の財産が多額である場合には，過去に別の相続により相続した財産がないか，毎月の生活費として貰っていたお金で残っている部分はないか等，その財産の

原資について詳細に確認されることがあります。

　また，調査官は調査にあたり，あらかじめ口座情報や不動産の名寄帳をある程度取り寄せているため，質問の回答とそれらの情報が一致しているかどうかについても同時に確認をしています。

　調査官は，これらの質問を雑談の中に含めて聞いてくることもありますので注意が必要です。

　12時頃になると，いったん休憩となります。調査官はいったん現場を離れ，近くの飲食店等で昼食をとりますので，こちらで昼食を用意する必要はありません。

　過去には，納税者が昼食等をふるまうこともありましたが，現在は，そのようにしても丁重に断られるか，近隣に飲食店がない等の事情によって，用意された食事に手を付ける場合であっても，価格を聞いた上で調査官が自己負担することになるでしょう。

　そして，1時間程度の休憩をはさみ，午後になると，次は預金通帳の確認等が行われることが一般的です。

　午前中とは打って変わって，調査官が黙々と作業をし，時折質問がされるので，それに回答するといった状況が続きます。

　また，タイミングは様々ですが，印鑑の確認も行われます。

　まずは，空押しといって朱肉をつけずに押し，続いて朱肉をつけて何度か押されます。

　その他，必要に応じて，金庫や財産の保管場所の確認なども行われます。

　こうして，調査は概ね16時前後に終了することが一般的です。

　また，相続税の場合，実地調査はこの1日で終了する場合がほとんどですが，調査が多岐にわたる場合や納税者の協力が得られない場合などは，数日間に及ぶこともあります。

94 第1部 税務調査の基礎知識

（11）税務調査の終了

① 実地調査終了後

　これでようやく実地調査が終了しましたが，税務調査自体はまだ終了していません。

　調査官は，実地調査で確認しきれなかった事項は，必要に応じて資料の留置き（預かり）をして，税務署内で机上調査をしたり，また，必要な場合には金融機関等に対する反面調査も行われるなど，さらなる調査が行われます。

　そして，必要に応じて税理士や納税者とも協議・調整をしながら準備調査までに収集した資料・情報等ともあわせて署内でその内容が精査されます。

　その際，後日争いとなることが見込まれるものなど，重要な論点については，「争点整理表」というものが作成され，事実認定，法令解釈，当てはめなどが慎重に検討され，税務署内の審理専門官や場合によっては，国税局の主務課（資産課税課），審理課に照会してさらに慎重な検討が行われます。

　こうして，最終的に修正申告を勧奨すべき指摘事項が決定され，これが納税者や税理士に通知されることとなります。

② 調査終了の手続

　平成23年度の税制改正で，税務調査終了時の手続が法律上明確化されました（詳しくは「第1部第2章2　平成23年12月の国税通則法の改正」参照）。

　調査の結果，更正決定等をすべきと認められないと判断された場合には，その旨が書面により通知され，更正決定等をすべきと認められる場合には，その理由や金額等が原則として口頭により説明されるとともに，

修正申告の勧奨が行われます。

この修正申告の勧奨に応じるかどうかは任意ですが，応じなかった場合には更正処分が行われることとなります。

この段階で，法的に税務調査が終了することになります。

なお，最終的に更正処分をする場合には，処分権者である税務署長や担当副署長，総務課長，第1部門と所轄部門の両方の統括官の出席を求め，前述の「争点整理表」や調査経過記録書等を添付して「重要審理会議」を開催し，税務署長の最終判断を仰いだ上で，「更正決定等の決議書」の署長決裁を経て，更正処分がなされることになります。

その後，この修正申告や更正処分による増差税額については，過少申告加算税や延滞税が課されることとなり，これらの追徴税額を納付することとなります。

2　税務調査の実施時期

（1）調査は申告書提出後1〜2年後にくる

相続税の実地調査は通常，申告書を提出してから1〜2年後に行われることが一般的です。

納税者の方の中には，申告書を提出してすぐに調査があるイメージを持たれている方がいますが，実際は申告書を提出してからかなり時間が空きます。

これは前項で解説したように，税務署等が，申告書を受け付けてから調査までの間に，資料の収集や調査の要否の判定，準備調査などを行っていること，そして，選定基準による調査対象の選定の時期との兼ね合いによるためです。

そのため，申告書を提出してすぐに調査とはならず，多くの場合1〜

96 第1部　税務調査の基礎知識

２年程時間が経過した後に実地調査が行われることとなります。

なお，税務署長が更正，決定等できる期間は申告期限から５年（偽りその他不正の行為があった場合は７年）となっています。

そのため，申告書の提出から２年を過ぎても調査がある可能性はないとは言えませんが，これはあくまで条文上の記載であって，実際の調査の多くは申告書を提出してから１～２年の間に行われ，よほど新たな資料や情報がもたらされない限り，３～５年（７年）の間に調査が行われることはごく稀といえます。

（2）調査が多い月は７～11月頃

一年の間で調査が多い月は７～11月頃です。これは税務署等の事務年度が７月から６月であること等，税務署等内部の事情が関係しています。

この，年内に着手される税務調査は要注意です。なぜなら，優先順位が高いからこそ事務年度当初に着手されるのであり，税務署が何らかの課税漏れの情報を把握していることが考えられるからです。

また，事務年度末までの時間に余裕があるため，じっくりと取り組む傾向にもあります。税務署内では，「事務年度上期の増差は『金』」と言われ，年内の調査で大口の課税事績を挙げると，勤勉手当（ボーナス）や来事務年度の昇進にプラスの影響を与えると考えられています。

その一方，税務職員の異動は７月10日に一斉に行われますので，税務署等ではこの７月の異動に備えて６月中に調査を終了させる（引継ぎを最小限にする）よう署内で指示が出されています。

そのため事務年度終盤の調査については，十分な調査期間が確保できなくなる可能性があるので，この時期の調査は比較的少ない傾向にありますし，調査があったとしても，優先順位が低い，若しくは，新人調査官の指導事案（事案自体に大きな問題があるとは認識していないが，新人調査官のOJTのためにやって来る場合があります。）の意味合いで調

査に来ている可能性もあります。

　その他２〜３月は個人の確定申告時期で税務署全体，そして，関与税理士が繁忙となるため，この時期も調査は比較的少なくなっています。

第**2**部

税務調査への
対応テクニックQ&A

100　第2部　税務調査への対応テクニックQ&A

第1章

税務調査前

1　キーワードは「更正の予知」と「調査通知」

Q 先日，税務調査があり，被相続人の預金調査が行われました。私は，被相続人の生前に何度か贈与を受けており，この点についても質問を受けましたので，贈与契約書を提示しながら生前贈与である旨を回答していました。

　被相続人の預金口座は2つしかなく，一方の口座の調査は完了したようでしたが，残りのもう一方の口座については取引の量が多く，時間内に終わらなかったため，残りはコピーを提出し，あとは署内に持ち帰って調べてもらうこととなりました。

　調査官が帰り，すぐに自分でも通帳を見返してみたところ，相続開始の1年前の生前贈与1,000千円の申告が漏れている（この贈与についても贈与契約書が存在します。）ことが発覚しましたので，調査官から指摘を受ける前に修正申告をしました。

　この場合，過少申告加算税は賦課されてしまうのでしょうか？

　また，過少申告加算税は，免除になる場合や5％で済む場合もあると聞いたことがあるのですが，今回の場合どうでしょうか？

A 調査官からの指摘の前に修正申告をしたとのことですが，残念ながら今回の場合は，「免除」や「5％賦課」ではなく「10％賦課」とされてしまう可能性が高いものと思われます。

解説

(1) 過少申告加算税の概要

過少申告加算税の割合は、第1部で説明したとおり、修正申告のタイミングによって、それぞれ次のとおり異なります。

① 調査通知前（かつ、更正の予知前）　…　免除（国通法65⑤）
② 調査通知〜更正の予知まで　…　5％賦課（国通法65①）
③ 更正の予知以降　…　10％賦課（国通法65①）

したがって、「更正の予知」および「調査通知」のタイミングがポイントとなります。

(2)「調査通知」とは

調査通知とは、これも第1部で詳しく説明したとおりですが、従来、過少申告加算税は、更正の予知がされるまでの間に自主的に修正申告を行った場合は賦課されていませんでした。

また、実地調査前に行われる事前通知は、調査日時や調査場所を納税者や税理士と具体的に調整した後でなければすることはできませんので、例えば調査の連絡を受けた後、日程調整で時間を稼ぎ、その間に自主的に修正申告を行うことにより加算税賦課を回避していたという事例が散見されていました。

そこで、平成28年度の税制改正における加算税制度の見直しにより、事前通知項目の計11項目のうちから下記の3項目を独立させた、「調査通知」というものが新たに制定され、この調査通知以後は、更正の予知前であっても、5％の過少申告加算税が賦課されることとなりました。

102 第2部 税務調査への対応テクニックQ&A

　　＜調査通知3項目＞
　①　実地調査を行う旨
　②　調査の対象となる税目
　③　調査の対象となる期間

　この3項目には，事前通知のように納税者や税理士との調整が必要な
日時や場所が含まれていませんので，上記のような加算税賦課の回避が
できないこととなりました。
　なお，この改正は平成29年1月1日以後に法定申告期限が到来する国
税が対象となります。

（3）「更正の予知」とは

①　判断基準

　実務上悩ましいこの「更正の予知」ですが，学説上，そのタイミング
については諸説あり，議論があるところです。しかしながら，大方の裁
判や裁決においては，下記のとおり判断されているため，下記の考え方
は判例法理上，確立した考え方であるということができます。

> **東京高等裁判所昭和61年6月23日判決　他多数**
>
> 　更正の予知がないというためには，調査に着手して申告が**不適正である
> ことを発見するに足る，あるいはその端緒となる資料を発見**し，これによ
> りその後調査が進行し，先の申告が不適正で申告漏れがあり得ることが発
> 覚し，これを受けた課税庁が当該申告漏れに関し信頼できる資料をもって
> 更正に至るであろうことが**客観的に相当程度の確実性をもって認められる
> 段階**に達した後に，**納税者がやがて更正に至るべきことを認識**したうえで
> 修正申告書を提出したものでないことが必要。

　さらに，比較的新しい裁判例では，上記の考え方を踏襲した上で，下

第1章　税務調査前　**103**

記のような考え方が付け加えられています。

> **東京地方裁判所平成24年９月25日判決**
> **主観的なあるいは一般的抽象的な可能性があるにとどまらず**，更正がされることについて客観的に相当程度確実性がある段階に達した後（後略）

　これらの考え方をまとめると，「更正の予知」がされたかどうかを判定するためには，次のような点がポイントとして挙げられるものと考えられます。

> ■「更正の予知」の判定ポイント
> （一）調査官が非違事項に直接つながる，あるいは，その端緒となる「具体的な資料を発見」しているかどうか
> （二）更正がされることについて，主観的，一般的，抽象的なものではなく，「客観的」かつ「相当程度確実性がある」段階かどうか
> （三）納税者が上記（一）（二）を認識しているかどうか

② **当てはめ**

　それでは，今回の事例を上記のポイントに当てはめて考えてみましょう。

（一）資料を発見しているかどうか

　今回の事例では，実地調査において通帳を一式提出し，該当の口座についても，途中まで調べていたということですので，この時点で，資料は発見していたということができます。

　また，生前贈与加算の申告漏れとして更正をする場合，贈与に該当することを立証する必要がありますが，そのための資料は贈与契約書であるということができます。

　この場合，今回の事例では，当該申告漏れとなっている贈与の贈与契

約書に関しては，調査官はまだ入手していない状況です。

　つまり，生前贈与の立証に必要な，預金通帳と贈与契約書の２つの資料のうち，調査官は片方しか発見していない状況ということになりますが，この場合でも，預金通帳の発見は少なくとも「端緒となる資料」を発見したということができるものと考えられます。

(二) 客観的に相当程度確実性がある段階かどうか

　今回の場合は，当該申告漏れの生前贈与と同様の出金についても納税者に確認を行っており，贈与契約書との照合をしています。

　また，調査官は当該申告漏れの出金があった預金口座の調査にも既に着手しており，これを継続するためにコピーを持ち帰っています。

　以上の「客観的事実」から考えると，その後，調査官が当該預金の調査を進めることにより，当該申告漏れの贈与に関する出金を発見し，他の出金と同様，生前贈与でないかどうかの確認がされることは，「相当程度確実性がある」といえるのではないかと考えられます。

　また，異なる見方をすれば，その確認があったとしても納税者が贈与契約書の提示を拒否すれば贈与の立証はできないため，まだこの段階では，「相当程度確実性がある」とはいえないのではないかという考え方もできます。

　この考え方は，質問検査権が間接的受忍義務であることから，合法的な範囲で想定可能な仮定であると考えられます。

　しかしながら，当該出金は通帳に相続人の名前が印字されている可能性が高く，また，そうでない場合でも，金融機関への反面調査により少なくとも相続人へ送金されたことは立証可能です。

　この場合，納税者側が貸付金である等の反証をしない限り，他の生前贈与の状況等に鑑みると，生前贈与（結果受益による「みなし贈与」を含みます。）であるとの間接立証は十分に可能な状況であると考えられますので，やはり「相当程度の確実性がある」と判断するのが妥当と考

第1章　税務調査前　**105**

えられます。

（三）　納税者が認識しているかどうか

今回は，実地調査が行われたことによるものですので，上記（一）（二）の状況を「納税者が認識していた」と判断して問題ないものと思われます。

認識していない場合というのは，机上調査などにより税務当局が非違事項の証拠資料を入手していても，納税者はこのことを知り得ない場合などのことをいうものと考えられます。

（4）調査があったこと

その他，国税通則法では，「修正申告書の提出が，その申告に係る国税についての調査があったことにより当該国税について更正があるべきことを予知してされたものでないとき」は，過少申告加算税は5％（事前通知前は免除）と規定しています（国通法65①⑤）。

したがって，過少申告加算税の賦課の判定をする際には，「調査があったかどうか」についても検討することが必要です（この論点は，次項で詳しく解説します。）。

今回の事例では，既に実地調査に着手していますので，「調査があったこと」に該当します。

（5）税理士の対応策

このように，税務調査の途中で修正申告書を提出する場合，「更正の予知」のタイミングで過少申告加算税の賦課の有無や割合が変わってきます。

したがって，税務調査の際に調査官がまだ調べていない事項について間違いに気づいた場合は，「更正の予知」のタイミングを見極め，必要に応じて，早期に修正申告をするという対応も時には必要です。

106　第2部　税務調査への対応テクニックQ&A

　しかしながら，税理士としてこのような対応では遅すぎるといわざるを得ません。

　なぜなら，上記（3）のとおり更正の予知のタイミングの見極めは困難なため，実地調査の最中にこれを見極めるのは至難の業であるとともに，なによりこの方法では，既に調査通知後であるため，加算税は免除とならず5％は賦課されてしまうからです。

　したがって，税理士としてのベストな対応策は，「書面添付制度」を活用し，意見聴取の段階で自主的に修正申告をすることといえるでしょう。

　つまり，仮に意見聴取の際に発覚した指摘事項に基づいて修正申告をした場合，これは「更正の予知前」であり，かつ「調査通知前」になるため，過少申告加算税が賦課されないということです。

　これについては，「資産税事務における書面添付制度の運用に当たっての基本的な考え方及び事務手続等について（事務運営指針）」でも，下記のとおり定められています。

【資産税事務における書面添付制度の運用に当たっての基本的な考え方及び事務手続等について（事務運営指針）】

第2章第2節3　意見聴取の内容

　なお，意見聴取における質疑等は，調査を行うかどうかを判断する前に行うものであり，特定の納税義務者の課税標準等又は税額等を認定する目的で行う行為に至らないものであることから，**意見聴取における質疑等のみに基因して修正申告書が提出されたとしても，当該修正申告書の提出は更正があるべきことを予知してされたものには当たらないこと**に留意する。

　また，意見聴取を受けた際，税務当局の質問に即答をしてしまうと，その後，こちら側が修正申告をする前に調査通知がされてしまうことも

考えられるため，質問については必ず一度持ち帰り，後日回答するという形をとるとよいでしょう。

これは，確実に間違いのない回答をするという観点からも重要な対応方法であると言えます。

◆法的根拠◆

- 国税通則法第65条第1項
- 国税通則法第65条第5項
- 東京高等裁判所昭和61年6月23日判決
- 東京地方裁判所平成24年9月25日判決
- 資産税事務における書面添付制度の運用に当たっての基本的な考え方及び事務手続等について（事務運営指針）

2　調査に該当するものとしないもの

Q 先日，税務署から「相続税についてのお尋ね」という書類が送られてきたのですが，これは税務調査ということになるのでしょうか？

A 「相続税についてのお尋ね」は税務調査ではありません。

解説

(1) 概　要

　ある程度の金額の財産を所有されている方の相続が発生すると，税務署から来署依頼，電話，文書，あるいは被相続人の自宅への臨場など様々な形で接触を受ける場合があります。
　これらの行為は，そのすべてが「調査」に該当するわけではなく，中には，「行政指導」として，「調査」に該当しないものもあり，これらは明確に区分されています。

(2)「調査」と「行政指導」の違いによる実務上の影響

　では，実務上，「調査」である場合と「行政指導」である場合とでどのようなところに影響があるのでしょうか。
　それは一言でいうと，加算税の賦課（更正の予知）にあります。
　前項で説明したとおり，「調査があったことによる更正の予知」に基づいて修正申告書が提出された場合には加算税が賦課されることになりますが，これが「行政指導」であれば，「調査があったことにより」に

第1章　税務調査前　**109**

該当せず，加算税は賦課されないため，この違いは重要です。

　また，この他「調査」かどうかが問題となる場合として，国税通則法第24条，第25条に規定する更正，決定や同法「第7章の2　国税の調査」の各規定，同法第32条に規定する賦課決定の規定などが考えられますが，ここでは「更正の予知」の論点に絞って解説します。

（3）「調査」に該当するものとしないもの

①　法的根拠

　どのようなものが「調査」に該当するかは，法律上，明文規定がありませんので，通達や判例等から解釈する必要があります。

　例えば，次の通達があります。

【国税通則法第7章の2（国税の調査）関係通達の制定について（法令解釈通達）】

1－1（「調査」の意義）

（1）**法第7章の2において，「調査」とは，国税**（法第74条の2から法第74条の6までに掲げる税目に限る。）**に関する法律の規定に基づき，特定の納税義務者の課税標準等又は税額等を認定する目的その他国税に関する法律に基づく処分を行う目的で当該職員が行う一連の行為**（証拠資料の収集，要件事実の認定，法令の解釈適用など）をいう。

　この通達は冒頭に「法第7章の2において」とありますので，厳密には，「更正の予知」の論点は対象範囲外ですが，他の判例等に照らすと，「調査」の意義は同義であるものと考えられますので，これを根拠に理解をする分には，特に問題ないと思われます（ただし，税務当局に対する反論根拠にはなりませんので，ご注意ください。）。

　例えば，次のような公表裁決事例があります。

110　第2部　税務調査への対応テクニックQ&A

> ┌─ 東京国税不服審判所平成26年7月28日裁決 ─────
>
> 　通則法第66条第5項に規定する「調査」とは，課税庁が行う**課税標準等又は税額等を認定するに至る一連の判断過程の一切**を意味し，課税庁の証拠書類の収集，証拠の評価あるいは経験則を通じての課税要件事実の認定，租税法その他の法令の解釈適用を経て決定に至るまでの思考，判断を含む**包括的な概念**であり，**税務調査全般を指す**ものと解され，**納税者本人に対する臨場調査，呼出調査だけでなく**，いわゆる**机上調査や準備調査等のような税務官庁内部における調査も「調査」に含まれる**ものと解される。

　他にも，同様の判示をしている裁判は多数存在します。

　いずれにせよ，「調査」とは，**実地調査のみをさすものではなく，机上調査や準備調査，あるいは反面調査などの一切を含む包括的な概念**であることがわかります。

　また，上記通達の1-2では，「『調査』に該当しない行為」として，いくつか例示があります。

　例えば，次に掲げる行為のように，特定の納税義務者の課税標準等または税額等を認定する目的で行う行為に至らないものは，「更正の予知」に該当しないとされます。

（1）申告書の自発的な見直しを要請する行為で，次に掲げるもの

　　イ　添付書類が添付されていない場合に，自発的な提出を要請する行為

　　ロ　検算その他形式的な審査の結果，計算誤り，転記誤り，または記載漏れ等があるのではないかと思慮される場合に，自発的な見直しを要請し，必要に応じて修正申告書等の自発的な提出を要請する行為

（2）申告書の記載事項の審査の結果，税法の適用誤りがあると思慮される場合に，その確認のため，自発的な情報の提供を要請し，必

要に応じて修正申告書等の自発的な提出を要請する行為

（3）申告書の提出がない場合に，提出義務があるのではないかと思慮される者に対して，その確認のため，自発的な情報の提供を要請し，必要に応じて修正申告書等の自発的な提出を要請する行為

（4）（5）源泉税に関する事項（省略）

　分量が多いため，内容を要約させていただきましたが，基本的には，下記②の表に記載する「事後処理（行政指導）」の部分が例示されているものと考えられます。

② 具体的な区分

　次に，具体的にどのようなものが「調査」に該当するのかを適示していきたいと思います。

　ここでは，「第1部第3章1　通常の税務調査の流れ」に記載した，税務署が行う作業内容に沿って，それぞれ「調査」に該当するのかどうかを解説します。

　各種通達，事務運営指針，事務提要，FAQなどに記載されている取扱いをまとめると，次のようになります。

作　業	詳　細	区　分	加算税賦課
課税見込事案の抽出	・58条の通知書と選別索引簿との照合 ・相続税資料カード，探聞資料等の抽出	―	免除
お尋ね書等の送付	・申告書，お尋ね書などを納税者へ送付	行政指導	免除
申告書受領 事後処理（行政指導）	・署名，捺印，税務代理権限証書の形式的なチェック ・相続時精算課税適用者や納税猶予適用者などの確認 ・添付書類の確認 ・計算誤り等がないかの検算	行政指導	免除

112 第2部　税務調査への対応テクニックQ&A

申告審理	• 粗選定 • 情報収集（58条の通知書，相続税資料カード，探聞資料，署内資料，署外資料など） • 処理区分（4区分）への分類など • 調査の指令	—（注1）	免除（注1）
事後処理（実地の調査以外の調査）	• 非違の内容が明らかなものを机上で処理	調査	10%
準備調査	• 再調査の確認 • 事前通知の要否の検討 • 机上調査，外観調査，内定調査など	調査	免除または10%（注2）
意見聴取	—	行政指導	免除
調査通知	—	—	5%
事前通知	—	—	5%
実地調査	• 質問検査 • 留置き	調査	5%または10%
反面調査	• 取引先や金融機関等に対する調査	調査	10%
再調査	—	調査	10%
修正申告の勧奨	• 実地調査終了後の修正申告の勧奨	行政指導	10%（注3）

（注1）具体的な取扱いは特に示されていませんが，「粗選定」から「調査の指令」までの間に，納税者に何らかの接触があることも考えづらいため，特に支障はないものと思われます。

　　　また，申告審理は「調査先の選定やその調査方法を決め，これを各担当者へ割り振る」という作業であることに鑑みると，「特定の納税義務者の課税標準等又は税額等を認定する目的で行う行為」に至らないものと考えられるため，「調査」には該当しないものと考えて問題ないものと思われます。

（注2）「調査」には該当しますが，これを納税者が知り得ない場合は，「更正の予知」には該当しないものと思われます。

ただし，例えば金融機関の反面調査を行い，申告漏れの預金口座が発見されたことをその金融機関から連絡を受けて，これに基づき修正申告をしたような場合には，「更正の予知」に該当するものと思われます（東京高裁S61.6.23）。

（注3）修正申告の勧奨自体は「行政指導」に該当しますが，これによる修正申告は，「調査があったことによる更正の予知」があった上でされたものに該当します。

　このように，税務当局内でも体系的にまとめた資料はないようですので，一部その取扱いが明確でない部分（例えば注1）もありますが，概ねその取扱いは示されていると言えます。

　また，上記のように，時系列に沿ってまとめてみると，「申告審理」を境に「調査」であるか「行政指導」であるかが分かれる傾向があります。

　ただし，意見聴取に関しては，例外的な解釈の仕方がされているようです。

　意見聴取の前には「準備調査」が行われるため，その準備調査により非違事項の証拠資料を税務当局が入手しており，これに基づく質疑が行われた場合は，「調査があったことによる更正の予知」に該当するとみる余地は十分にあるものと考えられますが，税務当局側は，「資産税事務における書面添付制度の運用に当たっての基本的な考え方及び事務手続等について（事務運営指針）」において，「意見聴取における質疑等は，調査を行うかどうかを判断する前に行うものであり，〜（中略）〜更正があるべきことを予知してされたものには当たらない」と明示しています。

　表現の仕方にも多少の違和感を覚えますが，いずれにしても，税務当局の見解として，上記に示されているように，「更正の予知には該当しない」という認識で間違いないものと思われます。

114 第2部　税務調査への対応テクニックQ&A

（4）「調査」に該当するか「行政指導」に該当するかの確認方法

　以上のとおり，「調査」と「行政指導」は概ね明確に区分されていますが，納税者への接触がどの段階で行われたのかについては，納税者側では知ることができません。

　では，これを確認するためにはどうすればよいのでしょうか。

　まず，文書による照会であれば，必ずどちらに該当するものなのか記載がありますので，文書の記載内容を確認する必要があります。

　例えば，次の文書の場合には，末尾に行政指導である旨が記載されています。

相続税の申告等についてのご案内

　このたびの○○○○様のご逝去に対し，謹んでお悔やみ申し上げます。

　さて，お亡くなりになられた方の遺産の総額が基礎控除額（3,000万円+600万円×法定相続人数）を超える場合，亡くなられた方から相続や遺贈によって財産を取得された方は，亡くなられた日の翌日から10か月以内に相続税の申告と納税が必要になります。

　つきましては，財産を取得された方等へご連絡いただき，同封の「相続税のあらまし」を参考に申告と納税の必要があるかどうかを確認いただき，次の1又は2に記載するところにより「相続税の申告書」又は「相続税の申告要否検討表」の提出をお願いいたします。

1　お亡くなりになられた方の遺産の総額が基礎控除額を超える場合には，×××××までに，亡くなられた方の住所地を所轄する税務署へ「相続税の申告書」を提出し納税をしてください。

　※　相続税に関する具体的な計算方法や申告の手続きなどの情報は，国税庁ホームページ【www.nta.go.jp】の『相続税・贈与税特集』サイトをご確認ください。同サイトでは「相続税の申告のしかた」を掲載しているほか，「相続税の申告書」を出力することもできます。

2　お亡くなりになられた方の遺産の総額が基礎控除額に満たない場合には，「相続税の申告書」の提出は必要ありませんが，申告の要否を確認させていただくために，同封の「相続税の申告要否検討表」の回答欄に該当する事項をご記入の上，△△△△△ごろまでに当署資産課税（担当）部門へご提出くださいますようお願いいたします。

※　国税庁ホームページの「相続税の申告要否判定コーナー」では「相続税の申告要否検討表」が作成でき，相続税の申告の要否のおおよその判定を行うことができます。

　なお，ご不明な点がありましたら，当署資産課税（担当）部門へお問い合わせください。税務署での面接相談は事前の予約が必要となりますので，あらかじめ電話にて面接日時をご予約していただきますようお願いいたします。

（注）このご案内は，あなたが過日，市区町村に届出された「死亡届」を基に送らせていただきました。

　あなたが相続人等でない場合には，お手数ですが，当署資産課税（担当）部門へご連絡ください。

※この文書による行政指導の責任者は，上記の税務署長です。

　また，電話による問い合わせであれば，税務職員に口頭でどちらに該当するのかを確認することが重要です。

　事務運営指針においても，いずれの事務として行うかを明示する旨の記載がありますので，基本的に税務職員の方から説明があるはずですが，もしその説明がない場合には，この事務運営指針に基づき，どちらに該当するのかを確認するようにしてください。

【調査手続の実施にあたっての基本的な考え方について（事務運営指針）】
第2章　基本的な事務手続及び留意事項
1　調査と行政指導の区分の明示

116　第2部　税務調査への対応テクニックQ&A

　　納税義務者等に対し**調査又は行政指導**に当たる行為を行う際は，対面，電話，書面等の態様を問わず，**いずれの事務として行うか**を明示した上で，それぞれの**行為を法令等に基づき適正**に行う。

◆法的根拠◆
- 東京国税不服審判所平成26年7月28日裁決
- 国税通則法第7章の2（国税の調査）関係通達の制定について（法令解釈通達）
- 調査手続の実施に当たっての基本的な考え方等について（事務運営指針）

（参考）
- 資産税事務における書面添付制度の運用に当たっての基本的な考え方及び事務手続等について（事務運営指針）
- 資産税事務提要
- 税務調査手続に関するFAQ（職員向け）

第1章　税務調査前　**117**

3　自宅以外での調査や相続人の立会がない調査，相続人以外の立会は可能か？

> **Q** 今回，調査官に税務調査を自宅で行いたいと言われました。自宅に特に疑わしいものがあるわけではありませんが，まだ遺品整理ができておらず，とても散らかっていますので，自宅以外の場所で行いたいのですが，このようなことは可能でしょうか？
>
> 　また相続人は，長女である私1人で，数年前より母（被相続人）の介護の関係で私と主人と3人で同居をしていました。
>
> 　何か聞かれたときに主人が答えられるかもしれないし，何より私1人ではとても不安を感じておりますので，調査に主人も同席してほしいと考えているのですが，これも可能でしょうか？

A 税務調査を受ける場所や立会人に関しては，法律上明文規定はないため，法的には可能です。納税者の方がこのように希望されている場合には税務署と交渉し，希望をかなえて差し上げることも税理士として大切な役割と言えるでしょう。

解説

（1）自宅以外での調査は可能かどうか？

①　法令等での規定について

　上記のとおり，実地調査をどこで行うかについて，法律上の明文規定はありませんので，少なくとも〝自宅に限定はされていない〟ことになります。

　また，この実地の調査の定義が，「国税通則法第7章の2（国税の調査）関係通達の制定について（法令解釈通達）」において，次のように

118　第2部　税務調査への対応テクニックQ&A

定められています。

**【国税通則法第7章の2（国税の調査）関係通達の制定について（法令
解釈通達）】**

3-4（「実地の調査」の意義）

　　法第74条の9及び法第74条の11に規定する「実地の調査」とは，国
　税の調査のうち，当該職員が**納税義務者の支配・管理する場所**（事業
　所等）**等**に臨場して質問検査等を行うものをいう。

（注）この通達は，法第74条の9（事前通知）および法第74条の11（調査終
　　了の手続）でいう「実地の調査」について規定しているものですので，厳
　　密には，"自宅以外での調査は可能かどうか"を直接的に示したものでは
　　ありませんが，事前通知や調査終了の手続といった法的な手続において，
　　"自宅以外の調査"を想定しているのであれば，"自宅以外での調査は可能"
　　と読み取ることができるものと思われます。

　ここでいう，「納税義務者の支配・管理する場所」とは，相続税の調
査においては，被相続人や相続人の自宅が該当するものと思われますが，
最後に「等」と記載されていることから，これに限定されておらず，
"自宅以外の場所も想定されている"ことがわかります。

　このように，"法令上，実地調査の場所は明文規定がないため，自宅
に限定はされていないこと"，また，"通達でも，被相続人や相続人の自
宅以外の場所も想定されていること"から，法律上，自宅以外の場所で
の税務調査も十分に可能であると考えられます。

　しかしながら，法律上明文規定がないということは"納税者の希望ど
おりにする"旨の規定もないということですから，何でもわがままが通
るということではありません。

　つまり"税務当局と五分と五分"の交渉ということになります。

　ビジネス上の交渉と何ら変わりがありません。

　したがって，交渉にあたっては納税者側の事情を誠実に粘り強く説明

し，相手方の理解が得られるよう努めることが大切です。

　また，調査場所を自宅以外にする場合は，その場所にて相続財産に関する資料（預金通帳，各種証券，領収書等）の準備が必要となりますので注意が必要です。

② 事前通知後の変更について

　以上，ここまでは，事前通知前の日程・調査場所の調整段階での交渉を前提に説明してきましたが，一度調査場所が決定し，事前通知が行われた後でもその変更は可能です（国通法74の9②）。

【国税通則法第74条の9第2項】

　税務署長等は，前項の規定による通知を受けた納税義務者から**合理的な理由を付して**同項第1号又は第2号に掲げる事項について変更するよう求めがあった場合には，当該事項について**協議するよう努める**ものとする。

　ただし，その場合は，「合理的な理由」が必要であると，明確に法律で規定されており，また，「協議するよう努める」とされていることから，必ず認められるわけではないことに留意する必要があります。

（2）第三者の立会は可能かどうか？

① 法令等での規定について

　第三者の立会についても，上記（1）同様，法律には明文規定がありませんので，こちらも基本的には課税当局との交渉ということになりますが，「税務調査手続に関するFAQ（一般納税者向け）」で，課税当局側のスタンスが次のとおり示されています。

120 第2部　税務調査への対応テクニックQ&A

【税務調査手続に関するFAQ（一般納税者向け）問33】

Q　税務代理をお願いしている税理士はいませんが，日頃，記帳事務を手伝ってもらっている方（記帳補助者）がいます。その方に調査の現場に立ち会ってもらうことはできますか。

A　調査に立ち会って，税務当局に対して納税者の方の代わりに調査につき**主張・陳述を行うことは税務代理行為に当たりますから，原則として，税務代理人しか行うことはできません。**

　　また，単に調査に立ち会うだけであっても，第三者が同席している状態で調査を行うことで**調査担当者に課せられている守秘義務に抵触する可能性がある場合には，税務代理人以外の第三者の立会いはお断り**しています。

　　ただし，その方が，日頃，納税者の方の記帳事務等を担当しているような場合には，調査を円滑に進めるために，調査担当者が必要と認めた範囲で調査に同席いただくことはあります。

　これによると，"基本的に守秘義務の観点から第三者の立会は認めていないが，記帳事務等の担当者など，調査が円滑に進められる場合には認める"というのが，課税当局側のスタンスのようです。

　例えば，税理士資格を持たない事務所の担当者などに立会が認められることなどが，その代表的な例かと思います。

　ご質問の場合，同居していた相続人の夫について，一般的に同居親族は被相続人の財産状況について把握していることが多いことから，上記FAQ中の"調査が円滑になる可能性"があるため，立会が認められる可能性が高いものと考えられます。

　また，税務職員には国家公務員法第100条及び国税通則法第126条で守秘義務が課せられています。

　上記FAQの"守秘義務の観点から基本的に認めていない"という点に関しては，実際にそのような理由で第三者の立会を拒否した事例があ

り，この措置は社会通念上相当であり違法性はないと認められた裁決事例（平19.10.3 裁決事例集No.74　450頁）がありますので注意が必要です。

しかしながら，これはあくまでFAQに記載されている税務当局側の基本的なスタンスにすぎません。

実際に税理士の事務所の会議室で，かつ，納税者の夫の立会が認められたという事例がありますので，粘り強い交渉が必要といえるでしょう。

②　注意点

ただし，第三者が立ち会う場合にはいくつか注意点があります。

税理士以外の第三者の場合，納税者の代理で主張や陳述をすることは税理士法の「税務代理行為」に該当（税理士法２①一）し，これを「業」とした場合，税理士法に抵触する可能性があります（税理士法52）ので，発言の内容には注意する必要があります。

◆法的根拠◆
- 国税通則法第74条の９
- 国税通則法第74条の11
- 国税通則法第７章の２（国税の調査）関係通達の制定について（法令解釈通達）３−４
- 平19.10.3 裁決事例集No.74　450頁
- 税理士法第２条第１項第１号
- 税理士法第52条
- 国家公務員法第100条
- 国税通則法第126条

（参考）
- 税務調査手続に関するFAQ（一般納税者向け）問33
- 税理士法基本通達２−１

4 無予告調査への対応

Q 税理士である私に，納税者から「急に，税務署の調査官を名乗る方が来て，相続税の調査をしたいといわれている」と，連絡が入りました。
このような場合，どのように対応したらよいのでしょうか？

A 自宅へ上げず，まず本日は都合が悪い旨を伝え日程を調整し，あらためて来てもらいましょう。決して，その場で調査を受けなければならないということはありません。
また，その無予告調査に違法性がないかの確認もしっかり行いましょう。

 解説

(1) スケジュール調整が可能な法的根拠

無予告調査というとなんとなく厳しく，通常の任意調査と違うのではないかといった認識を持たれる方もいらっしゃるかと思いますが，この認識は間違いです。

無予告調査といえど，任意調査であることに違いはありません。

いわゆるマルサにより行われる強制調査は，旧国税犯則取締法第2条第1項の規定に基づき，国税局所属の国税査察官が裁判所からの許可状（いわゆる令状）をもって，強制的に調査を行うものです。

これに対して，無予告調査の根拠法令はあくまで国税通則法第74条の3（質問検査権 ※相続税の場合）であり，納税者の理解と協力のもと行われる任意調査です。

その証拠に，無予告調査に訪れた調査官は，国税査察官ではなく，一般的には税務署の国税調査官であり，提示する書面は，裁判所からの許可状ではなく，身分証明書や質問検査章です。

また，下記（２）で示す国税通則法第74条の10（事前通知を要しない場合）の規定を見てみると，この規定は最終的に，「（事前）通知を要しない」としか規定していないことがわかります。

つまり，無予告調査とそうでない通常の任意調査との違いは，事前通知をするかしないかという点だけですので，それ以外は通常の任意調査と何ら変わることはありません。

したがって，任意調査である以上，スケジュールの調整は問題なく認められます。

前項で，「調査場所に関する法令上の明文規定はないため，交渉可能」と解説したのと同様，日時についても明文規定はないため，交渉が可能です。

したがって，スケジュール調整が必要な場合は，法的に認められることをしっかりと念頭においた上で，自信をもって交渉を行いましょう。

その際，注意が必要なのは，調査自体を強く拒絶してしまうと，税務調査を拒否したとみられ，罰則規定（国通法128二，三）に抵触していると取られかねませんので，あくまで調査には協力する姿勢を示した上で，日程の調整を行うだけであることにご注意ください。

（２）無予告調査が適法か否か

① 事前通知を行わないことの違法性

さて，そもそも「無予告」調査が適法かどうかという問題があります。

原則として，税務調査は事前通知をすること（国通法74条の９）が規定されていますが，無予告調査に関する法律の規定は，次のとおりです。

124 第2部 税務調査への対応テクニックQ&A

【国税通則法第74条の10】

（事前通知を要しない場合）

　　前条第1項の規定にかかわらず，税務署長等が調査の相手方である同条第3項第1号に掲げる納税義務者の申告若しくは過去の調査結果の内容又はその営む事業内容に関する情報その他国税庁等若しくは税関が保有する情報に鑑み，**違法又は不当な行為を容易にし，正確な課税標準等又は税額等の把握を困難にするおそれその他国税に関する調査の適正な遂行に支障を及ぼすおそれがあると認める場合**には，同条第1項の規定による通知を要しない。

　このように，無予告調査を行うためには，太字部分のような要件を満たすことが必要となります。

　また，詳細な記載は割愛させていただきますが，「国税通則法第7章の2（国税の調査）関係通達の制定について（法令解釈通達）」4-9，4-10において，その具体的内容が例示されています。

　したがって，税理士としては，この要件に該当するかどうかを確認し，調査官が合理的な説明をできない場合には，その違法性を問うという対応を取りたいところではありますが，残念ながらその場で違法性を問うことは，現実的に難しいでしょう。

　上記のとおり，無予告調査の要件は法律で規定されていますが，その要件を満たしていることを納税者に説明する義務は法律上規定されていないため，税務当局内部でも基本的には説明しない方針のようです（FAQ職員2-8）。

　しかしながら，これを確認することは必要です。回答がないことが前提で構いません。

　相続税の調査において無予告調査である場合，国税局資料調査課（リョウチョウ）や特別国税調査官（トッカン）などが担当する特別調

第1章　税務調査前　**125**

査であることが少なからず想定されますが，このような調査の場合，通常の任意調査と比べ厳しい調査となることが一般的です。

　したがって，税理士としては，場合によっては多少強権的な調査となりうることを想定しておく必要があり，万が一，実際にそのような事態が発生した場合には，税理士として，法的根拠に基づき毅然とした対応をとらなければなりません。

　そこで，まず無予告調査があったことが判明した段階で，その違法性の有無をきちんと確認しておくことで，調査官も「しっかりとした対応をしてくる税理士だな」という印象を持つことになり，その後の強権的な，場合によっては違法性のある調査に対して一定の牽制をすることができるものと考えられます。

②　税理士への通知について

　そもそもご質問について「納税者から」連絡が入ったという点が非常に気になります。

　無予告調査であっても，運用上，臨場後速やかに事前通知と同様の事項を通知することとなっており，この通知は税務代理人に対しても行うこととされています（事務運営指針第2章2（3）（注）書き）。

　したがって，本来であれば税理士に対しては，調査官から連絡が入るはずなのですが，これがなかったということは調査官の同事務運営指針違反，ひいては国家公務員法違反が疑われますので，この点についても追及する必要があります。

③　無予告調査と国家賠償法

　納税者が倉庫からの退去を求めているにもかかわらず，調査官が勝手に倉庫内の商品等の写真を撮影したことが国家賠償法上違法であるとの評価を受けた事例があります（神戸地裁H25.3.29判決）。

126 第2部 税務調査への対応テクニックQ&A

　つまり，あくまで任意調査である以上，実地調査をする場合は，納税者の同意が必要であり，これが得られない場合は調査官が勝手に調査をすることは許されないということです。

　これは，厳密には事前通知を要しない場合の違法性ではなく，質問検査権の範囲を逸脱したという違法性の話になりますが，このような状況は事前通知を行った通常の任意調査よりも無予告調査である場合の方が起こりやすいといえます。

　したがって，納税者がスケジュールの調整など，調査に協力的な姿勢を見せているにもかかわらず，強引に屋敷内に立ち入り調査を行おうとしたなどの場合には，国家賠償法に基づく損害賠償請求（国賠法1）を視野に入れて対応しましょう。

④　身分証明書・質問検査章の確認

　近年，「振り込め詐欺」をはじめとした，高齢者等を狙った様々な詐欺被害が発生しています。

　中には，国税職員を語った詐欺被害も報告されている中，相続税の納税義務者である相続人の方は，特に配偶者の場合，高齢であるケースも多いため，このような詐欺事件のターゲットにされてしまうおそれもあります。

　したがって，何の前触れもなく，突然調査官が自宅へ訪問する無予告調査においては，このような詐欺事件への警戒も忘れてはならず，専門的な知識を生かして納税者の方をこのような詐欺事件から守って差し上げるのも，税理士として大切な役割ではないでしょうか。

　具体的な内容は次項で解説しますが，無予告調査の場合は特に，その場で，身分証明書と質問検査章を納税者の方に提示するよう，必ず調査官に要請してください。

　なお，名刺を納税者に交付することは国税職員の義務ではありません

が，社会人のわきまえとして，自己の名刺を持参しているはずですので，その場で名刺を求めることも有効です。

◆法的根拠◆
- 国税通則法第74条の3
- 国税通則法第74条の10
- 国家賠償法第1条
- 神戸地裁平成25年3月29日判決
- 国税通則法第7章の2（国税の調査）関係通達の制定について（法令解釈通達）4-9，4-10
- 調査手続の実施に当たっての基本的な考え方等について（事務運営指針）第2章2（3）（注）書き

（参考）
- 税務調査手続に関するFAQ（職員向け）2-8

128 第2部　税務調査への対応テクニックQ&A

5　身分証明書・質問検査章の提示義務

Q 以前，母の相続の際，相続税の申告書を提出したのですが，今回，税務署より税務調査を行う旨の連絡がありました。

　噂で，当日調査が始まる前に身分証明書を確認した方がよいと聞いたことがありますが，どうしてですか？

　また，身分証明書のどこを見ればいいですか？

A 本当に税務署の職員かどうかを確認するためです。

　また，質問検査章において調査の対象となる税目が相続税になっているかどうかは必ず確認してください。

📖 解説

（1）身分証明書・質問検査章の携帯，提示義務

　税務調査を行う場合，調査官は身分証明書と質問検査章を必ず携帯しなければなりません（国通法74の13）。

> **【国税通則法第74条の13】**
>
> （身分証明書の携帯等）
>
> 　国税庁等又は税関の当該職員は，第74条の2から第74条の6まで（当該職員の質問検査権）の規定による質問，検査，提示若しくは提出の要求，閲覧の要求，採取，移動の禁止若しくは封かんの実施をする場合又は前条の職務を執行する場合には，その**身分を示す証明書を携帯し**，関係人の請求があったときは，これを**提示しなければならない。**

　また，この質問検査章の書式は，国税質問検査章規則第2条で規定さ

れており，具体的な書式は同法別表第一で定められています。

〈別表第一〉

第　　　号
税に関する質問検査章
国税庁，国税局又は税務署
官　氏　　　　　　名
年　　月　　日生
年　　月　　日交付
国税庁長官，国税　㊞
局長又は税務署長

（用紙 日本工業規格Ｂ８）

　質問検査章は，「○○税に関する質問検査章」と調査の対象となる税目が記載されていますので，ここに相続税という税目が記載されているかどうかを必ず確認してください。

　相続税の調査の場合「相続税・贈与税」とされていることが一般的ですが，もし，ここに相続税という税目が記載されていなければ，その調査官には相続税に関する質問検査権が与えられていないということになりますので，相続税の調査を行うことはできません。

　反対に，「相続税・贈与税」としか記載されていない場合には，調査の過程で何気なく所得税の質問があっても，その調査官に所得税に関する質問検査権はありませんので，相続税の課税価格・税額に関係する事項でない限り答える必要はありません。

　ここで注意しなければならないのが，法律で携帯，提示義務を定めてはいますが，「関係人の請求があったときは」とされていますので，あくまで法律上は，納税者側から身分証明書および質問検査章の提示を請

求しなければ提示義務はないということです。

しかしながら，実務上の運用として，事務運営指針で下記のとおり定めています。

【調査手続の実施に当たっての基本的な考え方等について（事務運営指針）第2章3（1）身分証明書等の携帯等】

実地の調査を実施する場合には，身分証明書（国税職務証票の交付を受けている場合は国税職務証票）及び質問検査章を必ず携帯し，質問検査等の相手方となる者に**提示して調査のために往訪した旨を明らかにした上で，調査に対する理解と協力を得て質問検査等を行う。**

（注）　行政指導の目的で納税義務者の事業所等に往訪する場合であっても身分証明書（国税職務証票の交付を受けている場合は国税職務証票）を携帯・提示し，行政指導で往訪した旨を明らかにすることは必要であることに留意する。

したがって，調査官は本来，この事務運営指針に従い，関係人の請求がなくとも，自ら提示する義務があります。

（2）身分証明書・質問検査章の不提示，不携帯と税務調査の受忍義務

それでは，税務調査当日，調査官が身分証明書および質問検査章の携帯を忘れていた場合はどうなるのでしょうか。

前項で説明したとおり，詐欺事件等の心配もあることから，身分証明書や質問検査章のない人を自宅に入れたくないと考えるのが当然でしょう。

つまり，税務調査を拒否するということにもつながりますが，この場合，「正当な理由」がない限りは，罰則規定が適用されてしまいます（国通法128三）。

第1章　税務調査前　**131**

　身分証明書や質問検査章の不携帯が国税通則法第128条第3号でいう
「正当な理由」に該当するかどうかについては，下記の判例で次のよう
に判示されています。

昭和27年3月28日最高裁（小法廷）判決

　殊に相手方が検査章の呈示を求めたのに対し，収税官吏が之を携帯せず
又は携帯するも呈示しなかった場合には，**相手方はその検査を拒む正当の
理由があるものと認むべきである。** しかし，さればといって，収税官吏の
前記検査権は右検査章の携帯によって始めて賦与されるものでないことは
前記のとおりであるから，**相手方が何等検査章の呈示を求めていないのに
収税官吏において偶々これを携帯していなかったからといって直ちに収税
官吏の検査行為をその権限外の行為であると解すべきではない。**

　したがって，こちらが提示を求めたにもかかわらず，不携帯により提
示がされなかった場合は，違法な調査であり（国通法74の13），さらに，
罰則規定が適用されない「正当な理由」（国通法128三）にも該当します
ので，自信を持って「帰ってください」と伝えてください。

　また，不携帯が直ちに違法となるわけではなく，あくまで，まずこち
らが提示を求めることが必要です。

　つまり，不携帯等の理由により提示がされず，こちらも特に提示を求
めなかったなどという場合には，後々これを理由として，調査の違法性
を問うことはできないということです。

　あくまで，「身分がわからない人を自宅に上げたくない」というごく
自然な考え方を，当然に「正当な理由」として認めているものであると
とらえるべきで，あたかも身分証明書等の提示が，質問検査権の必須要
件であるかのような認識はしない方がよいでしょう。

（3）税理士の提示義務

　調査官に身分証明書および質問検査章の携帯・提示義務があるように，税理士にも税理士証票の提示義務があります（税理士法32）。税理士が税務調査に立ち会う場合（税務代理をする場合）には，税理士証票を調査官に提示しなければなりません。

【税理士法第32条】

（税理士証票の提示）

　税理士又は税理士法人が税務代理をする場合において，当該税務代理に係る税理士が税務官公署の職員と面接するときは，当該税理士は，税理士証票を提示しなければならない。

◆法的根拠◆

- 国税通則法第74条の13
- 国税通則法第128条第三号
- 国税質問検査章規則第２条，別表第一
- 昭和27年３月28日最高裁(小法廷)判決
- 調査手続の実施に当たっての基本的な考え方等について（事務運営指針）第２章３（１）身分証明書等の携帯等
- 税理士法第32条

第1章　税務調査前　**133**

.... コラム① 　**税務調査に入られづらい申告書の作成テクニック** ....

1　添付書類は "わかりやすく"，"丁寧に" つける

　相続税申告書を税務署に提出する際に気になるのが，「どこまでの資料を添付するのか」という点です。小規模宅地等の特例を適用する際等には，税務署があらかじめ必要な添付書類を明示していますが，そうでない場合には申告書の添付書類は納税者の任意となっています。では，添付書類はどの範囲まで提出すればよいのでしょうか。その答えは，税務署と納税者それぞれの立場を考えると見えてきます。

・税務署側の添付書類への考え方

　相続税申告書に計上されている財産の評価方法を明確にしたい，漏れている財産の有無を確認したい，実地調査前の準備調査の負担を軽減させたい等の目的のためにも添付書類は細かければ細かい方が望ましいというのが税務署側の添付書類への考え方です。

・納税者の添付書類への考え方

　いろいろと資料を提出することで，痛くもない腹を探られたくはないし，出さなくてもいい資料は極力出したくないというのが納税者側の考え方です。

　この両者の考え方の間をとり，添付書類としては必要最低限だが，税務署が申告書をチェックするときに「わかりやすく，丁寧な」資料をつけるとよいでしょう。例えば土地の資料であれば，①評価明細書②路線価図③公図④測量図⑤住宅地図⑥現地調査の写真⑦減額要因の事情説明書等を添付して申告することで，税務署がチェックしやすくなり，資料が不足していることによる税務調査の誘発を避けることも可能となります。

2　税務署に "隠すべき書類" と "あえて見せるべき書類"

　税務署に提出する書類には "隠すべき書類" と "あえて見せるべき書類" の2種類があります。"隠すべき書類" と記載すると語弊があるかもしれませんが，もう少し分かりやすくいうと「見せなくてもいい書類まで提出しな

い」ということです。反対に"あえて見せるべき書類"というのは，財産評価の裏付けとなる書類は全て提出するということを意味します。

　"隠すべき書類"の代表例としては，「相続人名義の通帳」が挙げられます。相続税では名義預金や生前贈与について税務署は厳しくチェックをしますが，そういった名義預金や生前贈与の事実がなければ本来，相続人名義の通帳というのは故人の相続税申告と関係のないものです。このため相続人名義の通帳はあえて見せなくてもいい書類という位置づけとなります。また生前贈与や名義預金の事実が存在する場合には，あえて該当箇所がわかる通帳を提出するという選択もあります。最終的には税務署が気になる論点について納得がいく心証を形成するに足る書類であるかが重要となるのです。

　私たちの事務所では税務署に提出する書類のファイルはかなり分厚くなります。時には2冊，3冊と書類を綴じたファイルを提出することもあります。なぜ分厚くなるのか，それはあえてできる限りの書類を提出しているからです。土地の財産評価に利用した資料一式にはじまり，金融機関の残高証明書，その他財産の評価の裏付けとなった書類等がありますが，加えて大切なことは，「論点を検討した事実を文章化」した上で税務署に提出することです。そうすることで税務署にも，例えば相続人名義の資産の資料添付はないけれど，税理士が名義財産に該当しないことを検討して確認しているということが共有されるのです。そこで相続税の書面添付制度の活用という選択肢が出てくるのです。

3　預金移動調査のやり方

　税務調査で最も重点的に調べられる項目は，「生前の預金移動」です。これは，例えば次のような事実などの有無を確認するために行われます。

- 被相続人から相続人や親族等への生前贈与の有無
- 名義性財産の形成の根拠
- 不動産等の他の資産の購入履歴

　また対象となる預金通帳は被相続人名義のものだけではなく，相続人名義

の通帳にまで及ぶことが多いです。少なくとも5年〜10年分程度は過去の預金移動調査を行うと考えておくとよいでしょう。では具体的に税務署の預金移動調査の方法を確認してみましょう。

　預金移動調査といっても難しい手続ではなく，対象金融機関から過去の預金の入出金履歴を取り寄せて内容を確認するという原始的な方法です。ここでの注意点は，「相続人の了承がなくても税務署は職権で金融機関から過去の預金の入出金明細を取り寄せることができる」という事実です。相続人にとっては過去の預金移動履歴というのはあまり見られたくないものであり，なかには見せなければ税務署はわからないだろうと隠蔽するケースもあります。そこで税理士としては，上記の事実をしっかりと相続人に説明した上で，少なくとも被相続人名義の預金通帳（入手金明細）については過去5年分程度の提出を求めましょう。

　そして取り寄せたあとは税務署が行う作業と同じく比較的大きな入出金を中心に（例えば50万円以上等）時系列で並べて，相続財産として考慮すべきものがないかどうかを相続人にヒアリングすることが大切です。そうすれば仮に税務調査が来た場合でも，慌てることなく対応することができます。

4　少し複雑な評価には事情説明書を添付する

　相続税の税務調査率軽減のために押さえておきたいのが「事情説明書」の活用です。この事情説明書とは，税務署が用意している雛形ではなく，会計事務所側で作成するものです。

　特に雛形があるわけではありません。下記にイメージを記載しますので参考にしてください。

136 第2部　税務調査への対応テクニックQ&A

事情説明書

　○○○税務署長

日頃より税務のご指導ありがとうございます。
被相続人○○氏の相続税申告について補足説明が必要な論点があります
ので，本事情説明書を添付いたします。

■小規模宅地等の特例適用における相続人住所について
　長男Ａが取得する宅地について特定居住用宅地等として小規模宅地等
の特例を適用していますが，長男Ａの住民票の住所が被相続人の住民票
の住所と異なっております。この点について……

　このような書き出しで，補足説明を付記するものです。事情説明書は申告
書に必須の添付資料ではありませんが，担当する税務署の調査官の立場から
添付の必要性を考えるとよいでしょう。補足説明を付記しなければ担当調査
官が確認したくなる事項について，事情説明書を添付することで，税務当局
の税務調査への移行の意思決定を事前に防ぐことができます。

5　書面添付制度を活用することで調査率が格段に減少
　相続税の税務調査対策として欠かすことのできないのが書面添付制度（税
理士法第33条の2）の活用です。書面添付制度の説明については本書の本文
に解説がありますので，ここでは書面添付制度の利用により税務調査率を下
げる効果があるのかについて解説したいと思います。
　実際に，本コラムを執筆している著者本人が複数の税務職員に下記の趣旨
の質問をしたことがあります。
　「書面添付制度を活用している相続税申告書については税務調査の対象か
ら外れやすくなるという効果はありますか？」
　この質問については税務署も明確な回答は避ける傾向にありましたが，回

第1章　税務調査前　**137**

答のニュアンスを読み取ると，税務調査の対象から外しやすくなることに一定の効果はあると判断できるものでした。

　統計から考えても，相続税申告において書面添付がされている割合は，平成28事務年度で15.6％となっています。相続税の改正後，大幅に増加した納税義務者の中から税務調査対象先を選定しなければならない税務署からすると，できるだけ増差がとれる申告書を見つけなければなりません。この点，書面添付がなされた相続税申告書を作成した税理士は相続税実務に慣れている可能性が高く，自然と書面添付がされていない申告書を調査先に選定するような心の持ち様になることが想像されます。

　また，書面添付がされた相続税申告においては，調査の前に意見聴取のステップを踏まなければならず，税務署側としても手続が面倒になります。

　そういったことを勘案すると，書面添付制度を採用することで相続税の税務調査率が低下するというのは納得できますね。

138　第2部　税務調査への対応テクニックQ&A

======== コラム②　意味がない!?　税務調査対策 ========

1　国税OBの偉い税理士に口利きしてもらう

　結論から申し上げると，国税OBの偉い税理士に口利きをしてもらっても，近年における相続税の税務調査では何の意味もありません。

- 国税OBの口利きで税務調査の対象から外してもらった
- 国税OBの口利きで税務調査の方針や内部情報が手に入った
- 国税OBの口利きで税務署の判断基準が納税者有利に覆った

　もし，仮にこういったようなことがあるとしたら，それは「犯罪」である可能性が高いです。確かに，現職時にある程度の地位までいった偉い国税OB税理士であれば現職の税務職員に連絡をとることはできるでしょう。ただ，だからといって，かつての上司の指示で，納税者に有利なことを税務職員が行うようなことがあれば，内容にもよりますが，それは国家公務員法違反に問われることになりかねません。

　税務代理権限証書に偉い国税OBの税理士の名前があれば，調査をする側に緊張感が走る…。これはある意味事実かもしれません。しかし，逆に下手な指摘はできないと税務署側も身構えて，能力の高い調査官を担当につける可能性もあります。

　ただ，国税OBを味方につけておけば，例えば，担当になった税務調査官の能力や性格を事前に把握しておいたり，こういった場合には税務署としてはどういった対応をするかというようなアドバイスをもらうことは可能ですので，国税OBの税理士とうまく付き合うことは納税者にとってメリットになるでしょう。

2　情報は隠せるだけ隠して申告

　相続税申告書を税務署に提出する際には，通常，相続税申告書以外にも計算根拠となるような資料や証憑のコピー等の添付資料を一式提出します。

　この添付資料をどこまで提出するかは，提出する税理士事務所ごとに対応が大きく分かれていると思います。

スタンスＡ　計算根拠資料を充実させ，できるだけ多くの添付資料を提出する

スタンスＢ　法的要件となっているもので必要最小限の添付資料しか提出しない

　おそらく昔ながらの税理士事務所は，Ｂのスタンスをとっているところが多いのではないでしょうか。ただ，税理士法人チェスターでは，基本的にＡのスタンスをとっています。結果として，税務調査率が１％となっていますので，この方針には自信を持っています。

　ただ，隠した方がよいというか，当初申告ではあえて提出しなくてもよい情報もあると思います。例えば，「被相続人の趣味や交友に関する情報」などです。骨董品を集めるのが趣味，海外旅行が趣味，政治家との付き合いがあるなど，こういった情報は税務調査を行う税務署側としては欲しい情報かもしれませんが，こちら側の立場では，この情報を提供するメリットはあまりないように思います。

　相続税申告書の添付資料として，こういった被相続人の生い立ちに関する情報を事細かに記載して提出している税理士事務所をたまに見かけますが，こういった情報は"あえて"申告書に添付する必要はないと考えます。

140　第2部　税務調査への対応テクニックQ&A

第2章

税務調査時（税務調査での対応テクニック）

第1節　税務職員の不当な調査への対応

1　税務職員の通達違反は国家公務員法違反

Q 税務署から，先日提出した相続税の申告書に簡単な記載漏れがあったため，訂正してほしい旨の電話がかかってきました。

その際，「これは税務調査ですか？　それとも行政指導ですか？」と質問したところ，「それに答える法的義務はありませんので，お答えできません。」と言われてしまいました。

私がさらに，「調査手続の実施に当たっての基本的な考え方等について（事務運営指針）第2章の1に『いずれの事務として行うかを明示し』とありますので，ちゃんと答えてください。」と反論すると，「それは，あくまで事務運営指針であり，法律ではありませんので，お答えする必要はありません。」と言われてしまいました。

このような税務署の対応は法的に正しいのでしょうか？

A 正しくありません。

税務職員には通達や事務運営指針を遵守する法的な義務があります。

第2章　税務調査時（税務調査での対応テクニック）　**141**

📖 **解説**

（1）国家公務員法

　通達や事務運営指針は確かに法律ではないため，納税者を拘束するものではありませんので，たとえば申告書を作成するにあたっては，通達に従った処理をしていなくても，そのこと自体が法律違反となるわけではありません（是認されるかどうかは別問題です。）。

　しかしながら，その対象が税務職員ということになると話は別です。

　税務職員は，国家公務員です。その国家公務員が遵守すべき法律で国家公務員法という法律がありますが，その第98条第1項に次のとおり規定されています。

【国家公務員法第98条第1項】

　職員は，その職務を遂行するについて，法令に従い，且つ，**上司の職務上の命令に忠実に従わなければならない。**

　したがって，税務職員はその職務上，上司の命令に従う義務があることが法律で明確に規定されているのです。

　また，これに違反すると懲戒の対象となります。

【国家公務員法第82条第1項】

（懲戒の場合）

　職員が，**次の各号のいずれかに該当する場合においては，これに対し懲戒処分として，免職，停職，減給又は戒告の処分をすることができる。**

　一　**この法律**若しくは国家公務員倫理法又はこれらの法律に**基づく命令**（国家公務員倫理法第5条第3項の規定に基づく訓令及び同条第4項の規定に基づく規則を含む。）**に違反した場合**

　二　職務上の義務に違反し，又は職務を怠った場合

142 第2部 税務調査への対応テクニックQ&A

> 三 国民全体の奉仕者たるにふさわしくない非行のあった場合

（2）通達や事務運営指針とは？

　それでは，通達や事務運営指針というのは，ここでいう「上司の職務上の命令」に該当するのでしょうか。

　結論からいいますと，「該当します」。

　まず，各通達や事務運営指針の冒頭部分を見てみると，これらの文書は明らかに上司の職務上の命令に該当することがわかります。

　以下，いくつか例を挙げてみましょう。

> 各国税局長　殿
>
> 沖縄国税事務所長　殿
>
> 各税関長　殿
>
> 沖縄地区税関長　殿
>
> 国税庁長官
>
> ### 国税通則法第7章の2（国税の調査）関係通達の制定について
> ### （法令解釈通達）
>
> 　「経済社会の構造の変化に対応した税制の構築を図るための所得税法等の一部を改正する法律」（平成23年法律第114号）により，国税通則法（昭和37年法律第66号）の一部が改正され，調査手続に関する現行の運用上の取扱いが法令上明確化されたことに伴い，国税通則法第7章の2（国税の調査）関係通達を別冊のとおり定めたから，改正法施行後は，これによられたい。
>
> 　この通達の具体的な運用に当たっては，今般の国税通則法の改正が，調査手続の透明性及び納税者の予見可能性を高め，調査に当たって納税者の協力を促すことで，より円滑かつ効果的な調査の実施と申告納税制度の一層の充実・発展に資する観点及び課税庁の納税者に対する説明責任を強化する観点から行われたことを踏まえ，法定化された調査手続を

第2章　税務調査時（税務調査での対応テクニック）　**143**

遵守するとともに，調査はその公益的必要性と納税者の私的利益との衡量において社会通念上相当と認められる範囲内で，納税者の理解と協力を得て行うものであることを十分認識し，その適正な遂行に努められたい。

各国税局長　殿
沖縄国税事務所長　殿

国税庁長官

資産税事務における書面添付制度の運用に当たっての
基本的な考え方及び事務手続等について（事務運営指針）

標題のことについては，下記のとおり定めたから，平成21年7月10日以降，これにより適切な運営を図られたい。

いずれも，国税庁長官から各国税局長（および沖縄国税事務所長）に宛てている文書で，「○○のとおり定めたから，○○によられたい」という書きぶりとなっていることから，国税庁から各国税局ひいては各税務署への職務命令であることがおわかりいただけるかと思います。

また，法的な根拠としては，国家行政組織法に，次のように「通達」という用語が使用されています。

【国家行政組織法第14条第2項】

各省大臣，各委員会及び**各庁の長官は**，その機関の所掌事務について，**命令又は示達をするため**，所管の諸機関及び職員に対し，**訓令又は通達**を発することができる。

つまりこの条文は，言いかえると「国税庁長官が発する訓令・通達は部下に対して命令・示達をするため」のものであるという解釈をすることができます。

（3）まとめ

　このように，通達や事務運営指針は，法律の規定ではありませんが，税務職員はこれを遵守する法的義務（国公法98①）があり，これに違反した場合は，懲戒の対象となる（国公法82①）ということになりますので，税務調査において調査官に反論する際には，「通達や事務運営指針を税務職員が拘束される『法的根拠』として」堂々と反論していただければと思います。（なお，本書においても，通達や事務運営指針は，（参考）ではなく◆法的根拠◆として取り扱っています。）

　したがって，今回の事例のような場合には，「確かに，事務運営指針は法律ではありませんが，税務職員であるあなたにとっては，上司からの命令にあたりますので，国家公務員法第98条第1項により，これに従う義務があります。したがって，事務運営指針にあるとおり，税務調査なのか行政指導なのかをお答えください。お答えいただけない場合は，国家公務員倫理審査会の公務員倫理ホットラインに通報することにより，懲戒の対象になる可能性がありますよ。」などと，再度反論してあげればよかったというわけです。

◆法的根拠◆
- 国家公務員法第98条第1項
- 国家公務員法第82条第1項
- 国家行政組織法第14条第2項
- 調査手続の実施に当たっての基本的な考え方等について（事務運営指針）第2章の1

第2章　税務調査時（税務調査での対応テクニック）　**145**

2　高圧的な調査官への対応―請願法に基づく請願・納税者支援調整官への通報

> **Q** 現在，税務調査の最中ですが，調査官のうちの1人が高圧的な態度をとるため，非常に不快に感じています。
> 　何度か改善するよう申入れをしてみたのですが，全く聞き入れてもらえず，むしろ余計に高圧的な態度をとるようになってしまいました。
> 　このような場合，何か対処法はないのでしょうか？

A その調査官の上司である統括官や納税者支援調整官に申し入れて問題の解決を図るというのが一般的な対応方法ですが，請願法に基づく請願という法的な強制力を持った解決方法もあります。

(1) 概　要

　最近は，平成23年の国税通則法の改正やこれに伴う通達の制定などの流れもあってか，高圧的な態度をとる調査官も少なくなってきたようですが，まだ中にはこのような態度をとる調査官もいるかもしれません。
　このような場合には，まず本人に直接申し入れ，その場で解決できればそれが理想的ですが，それでも聞き入れられない場合は，その上司など誰か別の人を介して解決しなければなりません。
　一般的には，統括官に直接相談するという方法がとられることが多いかと思いますが，ここでは法的根拠に基づいた対処法を紹介していきたいと思います。

146 第2部　税務調査への対応テクニックQ&A

（2）納税者支援調整官への申入れ

まず，第1の方法として，納税者支援調整官へ苦情を言うという方法が考えられます。

納税者支援調整官とは，平成13年に新設された，いわば納税者からの苦情処理係のような役職で，税務署の総務課長級（国税局の課長補佐級）の職員が就くことになります。

この納税者支援調整官は，全国すべての税務署に配置されているわけではありませんが，国税局と大規模な税務署には配置されています。

「納税者支援調整官の事務運営について（事務運営指針）」によると，納税者支援調整官がいない税務署については，税務署の「総務課長」が納税者支援調整官の代わりに対応することとなっているようです。

また，そもそも，納税者からの苦情は納税者支援調整官が一元的に管理・対応するわけではなく，一般の税務職員も同様に対応することとなっています。

具体的な対応方法は，「苦情等処理要領の制定について（事務運営指針）」に定められていますが，これによると，税務職員が受け付けた苦情は，担当部門が判明した場合には，その担当部門が苦情処理にあたり，これが不明な場合に，はじめて納税者支援調整官へ苦情が引き継がれることとなります。

このように，税務署内においては，苦情の窓口および処理担当が必ずしも明確でないため，場合によっては「たらい回し」にされることも十分に考えられます。

このような場合には，「苦情等処理要領の制定について（事務運営指針）」にも，「たらい回しすることのないようにする。」と明記してありますので，これを根拠に適切な対応を求めることが必要です。

また，このような背景もあってか，「納税者支援調整官は機能してい

第2章　税務調査時（税務調査での対応テクニック）　**147**

ない」「納税者支援調整官へ苦情を申し入れたとしても，担当部門に連絡して終わり」などといった印象を受けることが多いようです。

　したがって，この納税者支援調整官への申入れという方法は，あまりおすすめできる方法ではありませんが，苦情の内容とてん末についての記録が残るほかに，現場の税務職員による自由裁量を牽制・抑制する効果は期待できるかもしれません。

　また，もしこの方法を採用し，上記のような不誠実な対応をとられてしまったという場合には，「納税者支援調整官の事務運営について（事務運営指針）」の次の部分を根拠に，適切な対応を求めてみてください。

　もちろん，この事務運営指針に違反した場合は，国家公務員法違反となり，懲戒の対象となる可能性があることも，あわせて申し添える必要があります。

【納税者支援調整官の事務運営について（事務運営指針）】

6　税務署派遣納税者支援調整官の具体的な苦情関係事務

（1）税務署派遣納税者支援調整官は，納税者から苦情の申出を受けた場合には，**納税者の視点に立った適切な助言及び教示に心掛け**，当該苦情について次の要領により処理することを**基本とする**。

　イ　納税者から苦情の内容を懇切かつ丁寧に聴取する。

　ロ　イの聴取内容に基づき，速やかに担当者及びその上司である管理者（以下「管理者等」という。）から事情を聴取するなど事実関係を確認する。

　ハ　ロにより確認した結果を当該**納税者へ迅速かつ正確に説明**し，円満な解決に努める。

　ニ　ハによっても当該苦情の処理が完結しない場合には，**管理者等との面会の機会の措置**，派遣先税務署の幹部による対応の調整など必要な措置を講ずる。

　ホ　イからニまでに掲げる事務処理に関し，局納税者支援調整官及び

148 第2部 税務調査への対応テクニックQ&A

> 派遣先税務署の総務課長と綿密な調整を行う。
>
> なお, 苦情事案については, **その処理が完結するまで常にフォ**
> **ローアップすることに努める。**

このように, 事務運営指針に照らすと, よく耳にするような, 「担当部門に連絡して終わり」という対応は, 「基本的には」間違えていると言わざるを得ません。

イ〜ハにより, 本来は納税者支援調整官自身が苦情の解決に当たる必要があり, これでも解決しない場合は, ニにより, 管理者等や税務署幹部による対応をし, ホにより, 処理が完結するまでフォローアップをすることが必要となりますので, 「担当部門に連絡して終わり」ではなく, 納税者支援調整官自身にも責任を持った対応をしてもらうよう求めることが大切です。

ただし, (1) の本文の末尾に, 「基本とする」と書いてあることから, 上記のような対応方法が絶対的なものではなく, 事案によっては別の対応方法をとることも許容されていることがわかります。

したがって, 「基本的には, そのとおり (上記イ〜ホのとおり) ですが, 今回は, 担当部署に対応させます。」と言われてしまえば, なかなか反論は難しいでしょう。

したがって, 「法的根拠に基づく対応」という観点からは, あまりおすすめできない方法かと思いますので, あくまで, 統括官への抗議と同様, 手段の1つとして知っておくという程度でよいかと思います。

(3) 請願法に基づいた税務署長への申入れ

上記に対して, 法的根拠に基づく, ある程度の強制力を持った対応方法としておすすめなのが, この請願法に基づく請願です。

請願とは, 文字通り「請い, 願うこと」ですが, 今回の場合は, 税務

署に対して，「調査官の高圧的な態度を改めてください」とお願いすることになります。

この請願をするという権利（請願権）は，次のとおり日本国憲法で定められている国民の権利です。

【日本国憲法第16条】

（請願権）

　何人も，損害の救済，公務員の罷免，法律，命令又は規則の制定，廃止又は改正その他の事項に関し，**平穏に請願する権利を有し**，何人も，かかる請願をしたためにいかなる差別待遇も受けない。

また，この請願権は，請願法という法律で具体的に規定し，その権利の保護が図られるとともに，具体的な手続方法が定められています（全6条からなるボリュームの少ない法律ですので，全文記載します。）。

【請願法】

第1条　請願については，別に法律の定める場合を除いては，この法律の定めるところによる。

第2条　請願は，**請願者の氏名**（法人の場合はその名称）及び**住所**（住所のない場合は居所）**を記載し，文書でこれをしなければならない。**

第3条　**請願書は，請願の事項を所管する官公署にこれを提出しなければならない。**天皇に対する請願書は，内閣にこれを提出しなければならない。

2　請願の事項を所管する官公署が明らかでないときは，請願書は，これを内閣に提出することができる。

第4条　請願書が誤って前条に規定する官公署以外の官公署に提出されたときは，その官公署は，請願者に正当な官公署を指示し，又は正当な官公署にその請願書を送付しなければならない。

第5条　**この法律に適合する請願は，官公署において，これを受理し誠**

150 第2部 税務調査への対応テクニックQ&A

> 実に処理しなければならない。
>
> 第6条 何人も，請願をしたためにいかなる差別待遇も受けない。

　まず，この法律で注目していただきたいのは，第5条です。

　ここには，「この法律に適合する請願は，官公署において，これを受理し誠実に処理しなければならない。」とあります。

　この条文により，憲法で保障されている請願権が，より具体的，かつ，実質的に保障されていることとなります。

　これにより，請願法に基づく請願書が提出された場合，税務署としては，これを拒否することはできず，また，これを誠実に処理しなければならないこととなります。

　つまり，憲法で保障されている請願権とは，単に平穏に請願をすることができるというだけにとどまらず，誠実に処理してもらえる権利でもあるということができますので，この点はしっかりと認識し，万が一税務署が不誠実な対応をとった場合には，この請願法第5条を根拠に，誠実な処理をしてもらえるよう主張することが大切です。

　しかしながら，一方で，請願法では第2条，第3条により，その手続方法を厳格に規定し，一定の制限を加えているとも考えられます。

　とはいっても，特に難しい手続ではなく，住所・氏名を記載し，文書にて所轄官公署に提出するというだけですので，特に問題はないでしょう。

　また，この手続面については，「請願書等の取扱いについて（事務運営指針）」に次のとおり定められています。

第2章　税務調査時（税務調査での対応テクニック）　**151**

【請願書等の取扱いについて（事務運営指針）】

1　用語の意義

この事務運営指針における用語の意義は，以下による。

（1）請願書

請願法第2条の規定に基づき，国税庁（以下「庁」という。），国税局（沖縄国税事務所を含む。以下「局」という。）又は**税務署**（以下「署」という。）**に対して適法に提出された文書で件名が「請願書」又は文中に「請願」の文言があるもの**をいう。

（注）氏名，住所の記載がないなどの**不備があるもの**であっても，請願者にその旨説明し，請願者によって**不備が是正された場合には，請願書として取り扱う。**

なお，請願者によって不備が是正されない場合には，請願書として取り扱うことはできないが，この場合であっても他の収受文書と同様に内容に応じて取り扱うことに留意する。

この点を踏まえて，請願書を作成する際の注意点を挙げるとすれば，次のとおりです。

■請願書作成の注意点

①　住所・氏名を記載した書面で行うこと

②　統括官ではなく，税務署長宛てにすること（官公署に対して提出する必要があるため）

③　タイトルを「請願書」とすること

④　請願書に，「この請願書は請願法に基づくものである旨」と「請願法第5条に基づき，誠実な対応を求めること」をあらかじめ明記しておくこと

ただし，上記事務運営指針の注書きにもあるとおり，多少の不備があったとしても，是正すれば受理可能とのことですので，その点は安心

ですが，請願法，事務運営指針の両方にあるとおり，「適法な書面」でなければなりませんので，スムーズな手続を行うためにも，提出の際は，一度上記注意点の確認をしておいた方がよいでしょう。

　このように，請願法に基づく請願は非常に有効な手段であり，実際に成功した事例もいくつか報告されているようです。

　また，請願法に基づく請願は，このような場合に限らず，税務署に対してどうしても聞き入れてもらいたいお願いごと（もちろん正当なものである必要はあります）がある場合全般に使えるものですので，ぜひ覚えておきたいところです。

◆**法的根拠**◆

- 日本国憲法第16条
- 請願法
- 請願書等の取扱いについて（事務運営指針）
- 納税者支援調整官の事務運営について（事務運営指針）
- 苦情等処理要領の制定について（事務運営指針）

第2章　税務調査時（税務調査での対応テクニック）　153

3　違法調査による国家賠償訴訟

> **Q** 父の相続に係る相続税の申告について無予告調査が入りました。
>
> 　長男で相続人である私は，その日仕事があったため対応できないと断ったところ，「何かやましいことがあるんですか？　何もやましいことがないなら今すぐ見せられるでしょ？」と食い下がってきました。
>
> 　しばらく押し問答が続いた後，玄関奥に飾ってある絵画を見て，「立派な絵画ですね」と言って，勝手に玄関の中に一歩入り，写真を撮られました。
>
> 　いくら税務調査とはいえ，家主の承諾なしに勝手に玄関に上がり込み，勝手に写真を撮ることは許されるのでしょうか？

A このような調査官の行動は明らかに違法であり，国家賠償の対象となる可能性があるものと思われます。

（1）任意調査の受忍義務

　既に解説したとおり，無予告調査といえども任意調査の一種ですので，調査を行う場合には，納税者の承諾が必要です。

　この承諾を得ず，勝手に自宅へ上がり込み，写真を撮影するという行為は，明らかに違法であると考えられます。

（2）国家賠償法

　国家賠償法第1条第1項には，以下のように，国家による賠償責任が

154 第2部　税務調査への対応テクニックQ&A

定められています。

【国家賠償法第1条第1項】

　国又は公共団体の公権力の行使に当る公務員が，その職務を行うについて，故意又は過失によって違法に他人に損害を加えたときは，国又は公共団体が，これを賠償する責に任ずる。

　したがって，例えば，税務調査において，調査官による違法な質問検査権の行使などによって，納税者の心身に損害を与えたような場合は，この法律の規定に基づき，国家に対して賠償請求をすることができます。

　調査官は国家公務員であるため，調査官の違法行為により受けた損害は，国家が賠償責任を負うことになります。

（3）具体的な事例

　ここで，違法な税務調査により，国家賠償責任が問われた事例をいくつかご紹介します。

大阪高等裁判所平成25年3月29日判決（棄却・確定）

　A専門官は，**原告が倉庫からの退去を求めていること**を認識しながら，B調査官による倉庫内における写真撮影を抑止せず，B調査官においては，**A専門官が原告から倉庫内における調査について承諾を得られていないこと**を認識しながら**写真撮影を行った**のであるから，**国家賠償法上違法**であるとの評価を免れない。

大阪高等裁判所平成10年3月19日判決（確定）

　（納税者の姉らが，**強く拒否し続ける中**）税務職員が納税者の姉に2階に上がらせてほしいと説得をしていたところ，母親が唐突に2階に上がったことから，1人の職員が「ちょっと上がらせてもらいますよ。」と言って2階に上がったことにつき，2階部分は母や姉の居住部分であったプライバ

第2章　税務調査時（税務調査での対応テクニック）　**155**

シーの保護がより重要視される場所であり，まして女性2人の居住部分であり，見知らぬ男性の臨場を好ましからざるものと思っていただろうことを考えると，2階に上がることを制止しなかったことをもって黙示の承諾があったとみることはできず，居住者の拒絶の意思に反して居住部分に立ち入ることが許されないことは明らかであるから，母や姉の承諾を得ないで2階に上がった行為は，社会通念上の相当性を逸脱した違法な行為と解すべきである。

　※（　）内筆者加筆

　これらの事例は，大阪国税局の内部資料でも紹介されていますが，いずれも，納税者（または親族）の承諾を得ずに質問検査権の行使をしたところ，違法であると判断されたものです。

　特に後者の事例では，確かに女性2人のプライベート空間ではあるものの，2階に上がった母親は実際に，売上金のメモ等を隠匿しようとしていた事実があることから，質問検査権の必要性については問題がなかったものと考えられますが，それでも納税者の承諾を得ていないことが違法（その他，パート従業員のバッグを強引に取り上げて中身を見るなどの違法行為も行っていますが）とされており，任意調査である以上，納税者の承諾がいかに重要であるかがわかる事例となっています。

　大阪国税局の内部資料にも，これらの事例を基に，「納税者の承諾は，黙示ではなく明示の承諾を得ることが原則と考えることが重要」と記載されています。

　したがって，ご質問のケースのように承諾を得ない形で写真撮影を行う行為は違法であるとされる可能性は十分に考えられますので，まずは，その旨を強く抗議し，必要に応じて訴訟を提起することも検討する必要があるでしょう。

156 第2部 税務調査への対応テクニックQ&A

◆**法的根拠**◆

- 国家賠償法第 1 条第 1 項
- 大阪高等裁判所平成25年 3 月29日判決
- 大阪高等裁判所平成10年 3 月19日判決

4 資料の留置きは強制？

Q 税務調査の際，調査担当者から提出した帳簿書類等の留置き（預かり）を求められました。

特に疑わしいものがあるわけではないので，預けても構わないのですが，その必要性に納得できなくても留置きは拒否することができず強制されるのでしょうか？

また，拒否した場合に罰則はあるのでしょうか？

A 法令上，拒否することは可能と考えます。
罰則規定もありません。

また，まずありえないことですが，万が一，こちらが拒否をしたにもかかわらず調査官が勝手に持ち帰ろうとした場合には，その調査官の行為に対し，事務運営指針に基づき国家公務員法違反を問うことで抗弁することができます。

解説

(1) 留置きに関する法律の規定について

まず，留置きに関する法令から確認していきましょう。

> 【国税通則法第74条の7】
> （提出物件の留置き）
> 　国税庁等又は税関の当該職員は，国税の調査について**必要があるとき**は，当該調査において提出された物件を**留め置くことができる**。

158 第2部　税務調査への対応テクニックQ&A

【国税通則法施行令第30条の3】

（提出物件の留置き，返還等）

　　国税庁，国税局若しくは税務署又は税関の当該職員（以下この条及び次条において「当該職員」という。）は，法第74条の7（提出物件の留置き）の規定により物件を留め置く場合には，当該物件の名称又は種類及びその数量，当該物件の提出年月日並びに当該物件を提出した者の氏名及び住所又は居所その他当該物件の留置きに関し必要な事項を記載した書面を作成し，当該物件を提出した者にこれを交付しなければならない。

2　当該職員は，法第74条の7の規定により留め置いた物件につき留め置く必要がなくなったときは，遅滞なく，これを返還しなければならない。

3　当該職員は，前項に規定する物件を善良な管理者の注意をもって管理しなければならない。

　留置きに関する法律上の規定はこの2つのみです。国税通則法施行規則にも特に規定はありません。

　これらの規定では，留置きの強制力について，あくまで調査官に対して「必要があるときは留め置くことができる」と規定されているのみで，特に強制力がある旨の定めはなく，また，納税義務者において受忍義務があるかどうかについても特に規定はありません。

　したがって，法律上，留置きに強制力はないと考えられ，強制力がないということは，必然的に拒否することは可能であるということができます。

　また，この規定の解釈をするにあたり参考にしたいのが，質問検査権に関する規定（国通法74の2〜74の6）です。

　これらの規定も，留置きと同様「〜できる」規定となっており，特に強制力や受忍義務についての規定はありません。

第2章　税務調査時（税務調査での対応テクニック）　**159**

　この点で共通している両規定ですが，質問検査権については，あくまで任意調査の一種であり，直接的な強制力はないとする解釈が定着しています（詳しくは，「第1部第1章2　質問検査権」参照）。

　このことから考えると，規定ぶりが共通している留置きに関する規定（国通法74の7）についても，質問検査権と同様の解釈がされるべきであると考えられます。

（2）「税務調査手続に関するFAQ（一般納税者向け）」

　税務調査手続に関するFAQ（一般納税者向け）には，次のような記載があります。

【税務調査手続に関するFAQ（一般納税者向け）問10】

Q　調査担当者から，提出した帳簿書類等の留置き（預かり）を求められました。**その必要性について納得ができなくても，強制的に留め置かれることはあるのですか。**

A　税務調査において，（〜中略〜）帳簿書類等の留置き（預かり）をお願いすることがあります。

　帳簿書類等の留置き（預かり）は，帳簿書類等を留め置く必要性を説明した上，留め置く必要性がなくなるまでの間，帳簿書類等を預かることについて**納税者の方の理解と協力の下，その承諾を得て行うもの**ですから，**承諾なく強制的に留め置くことはありません。**

　これは，あくまでFAQですので，通達や事務運営指針のように国家公務員法上の拘束力はありません。

　また，法律上の強制力があるかどうかについての明示はありませんが，少なくとも，税務当局としては，「納税者の承諾を得た上で行い，強制的に留め置くことはない」という方針であることがわかります。

160　第2部　税務調査への対応テクニックQ&A

（3）「調査手続の実施に当たっての基本的な考え方等について（事務運営指針）」

　冒頭に「事務運営指針に基づき国家公務員法違反を問うことで抗弁することができます。」と書きましたが，その根拠となる事務運営指針は次のとおりです。

【調査手続の実施に当たっての基本的な考え方等について（事務運営指針）第2章3】

（5）提出を受けた帳簿書類等の留置き

　　提出を受けた帳簿書類等の留置きは，

　①　質問検査等の相手方となる者の事務所等で調査を行うスペースがなく調査を効率的に行うことができない場合

　②　帳簿書類等の写しの作成が必要であるが調査先にコピー機がない場合

　③　相当分量の帳簿書類等を検査する必要があるが，必ずしも質問検査等の相手方となる者の事業所等において当該相手方となる者に相応の負担をかけて説明等を求めなくとも，税務署や国税局内において当該帳簿書類等に基づく一定の検査が可能であり，質問検査等の相手方となる者の負担や迅速な調査の実施の観点から合理的であると認められる場合

　　など，やむを得ず留め置く必要がある場合や，質問検査等の相手方となる者の負担軽減の観点から留置きが合理的と認められる場合に，**留め置く必要性を説明し，帳簿書類等を提出した者の理解と協力の下，その承諾を得て実施する。**

　このように，留置きはあくまで「承諾を得た上で」行うこととされていますので，万が一調査官が承諾を得ずに留置きをしようとした場合は，この事務運営指針を根拠に国家公務員法違反を問うことができます（詳

第2章　税務調査時（税務調査での対応テクニック）　**161**

しくは，「第2部第2章第1節1　税務職員の通達違反は国家公務員法違反」参照）。

　また，この事務運営指針には，どのような場合に留置きが認められるのかが具体的に記載されていますが，ここにある①〜③のような場合を具体例として，「やむを得ず留め置く必要（必要性）がある場合」や質問検査等の相手方の「負担軽減の観点から留置きが合理的（合理性）と認められる場合」に限り留置きが認められることとされており，また，その必要性を説明することとされています。

　したがって，留置きをする必要性・合理性がなければ留置きをすることができないということですので，調査官から留置きを求められた場合は，その必要性・合理性について確認することも大切です。

（4）罰則規定について

　上記（1）のとおり，留置きについて罰則規定は設けられていません。

　国税通則法第128条の罰則規定は，第1号に規定されている更正の請求の場合の他，第2号，第3号においては，国税通則法第74条の2〜第74条の6の質問検査権に関する罰則が規定されていますが，国税通則法第74条の7に規定する留置きについてはなんら規定されていません。

　また，他に特段留置きに関する罰則を定めた規定も存在しません。

【国税通則法第128条】

　次の各号のいずれかに該当する者は，1年以下の懲役又は50万円以下の罰金に処する。

　一　第23条第3項（更正の請求）に規定する更正請求書に偽りの記載をして税務署長に提出した者

　二　第74条の2，第74条の3（第2項を除く。）若しくは第74条の4から第74条の6まで（当該職員の質問検査権）の規定による当該職員の質問に対して答弁せず，若しくは偽りの答弁をし，又はこれら

162 第2部 税務調査への対応テクニックQ&A

> の規定による検査，採取，移動の禁止若しくは封かんの実施を拒み，
> 妨げ，若しくは忌避した者
> 三　**第74条の2から第74条の6までの規定**による物件の提示又は提出
> の要求に対し，正当な理由がなくこれに応じず，又は偽りの記載若
> しくは記録をした帳簿書類その他の物件（その写しを含む。）を提
> 示し，若しくは提出した者

　このように，法律上，留置きについて罰則規定がないことは明らかで
すが，一部，留置きについても罰則規定があるとの誤解が生じてしまっ
ていることがあるようです。

　このような誤解は，「税務調査手続に関するFAQ（一般納税者向け）」
の問3の記載方法に原因があると思われます。

　このFAQでは，問3から問11にかけて，「質問検査権・留置き（預か
り）に関する事項」と題して，質問検査権と留置きに関する事項が混在
して記載されています。

　問3の具体的な内容については，次のとおりです。

> **【税務調査手続に関するFAQ（一般納税者向け）問3】**
> Q　正当な理由がないのに**帳簿書類等の提示・提出の求めに応じなけれ
> ば罰則が科される**ということですが，そうなると事実上は強制的に提
> 示・提出が求められることにならないでしょうか。
> A　**帳簿書類等の提示・提出をお願いした**ことに対し，正当な理由がな
> いのに提示・提出を拒んだり，虚偽の記載をした帳簿書類等を提示・
> 提出した場合には，罰則（1年以下の懲役又は50万円以下の罰金）が
> 科されることがありますが，税務当局としては，罰則があることを
> もって強権的に権限を行使することは考えておらず，**帳簿書類等の提
> 示・提出をお願いする際**には，提示・提出が必要とされる趣旨を説明
> し，納税者の方の理解と協力の下，その承諾を得て行うこととしてい

第2章　税務調査時（税務調査での対応テクニック）　**163**

ます。

　ここでいう，「帳簿書類等の提示・提出」とは，留置きのことではなく，質問検査権の規定である，国税通則法第74条の2～第74条の6の各第1項の末尾にある，「当該物件の提示若しくは提出を求めることができる。」の「提示・提出」のことを指しています。

　留置きというのは，この質問検査権による求めに応じ，**提出された物件を預かること**をいいますので，このFAQの問3は，留置きに関するものではなく，質問検査権に関するものであることがわかります。

【国税通則法第74条の7】

（提出物件の留置き）

　国税庁等又は税関の当該職員は，国税の調査について必要があるときは，**当該調査において提出された**物件を留め置くことができる。

　このように，「税務調査手続に関するFAQ（一般納税者向け）」問3に関しては，質問検査権と留置きが混在して記載されている中にあるばかりでなく，問3自体も「質問検査権」である旨が明記されていないため，非常にわかりづらく，あたかも留置きについて罰則規定があるかのような誤解をしてしまっても仕方のない記載ぶりとなっています。

　しかしながら，前述したとおり，留置きに関しては罰則規定はありませんので，ご注意ください。

◆法的根拠◆
- 国税通則法第74条の7
- 国税通則法施行令第30条の3
- 国税通則法第128条
- 調査手続の実施に当たっての基本的な考え方等について（事務運営指針）第2章3（5）

164 第2部 税務調査への対応テクニックQ&A

（参考）
- 税務調査手続に関するFAQ（一般納税者向け）問3
- 税務調査手続に関するFAQ（一般納税者向け）問10

第2章 税務調査時（税務調査での対応テクニック） **165**

第2節　質問検査権関係

1　相続税調査における質問検査権の範囲

> **Q** 税務調査では，どこまで見られてしまうのでしょうか？
> 被相続人の財産以外にも，例えば相続人の通帳なども見せなければならないのでしょうか？

A　「必要があるとき」には見せなければなりません。

　相続税の質問検査権については，その範囲が法律で以下のように明確に決められています（国通法74の3①一）。
　イ　納税義務者
　ロ　支払調書の提出者（または提出義務者）
　ハ　納税義務者に債権・債務を有していた（または有する）と認められる者
　ニ　納税義務者が株主・出資者であった（または株主・出資者である）法人
　ホ　納税義務者へ財産を譲渡した（または譲渡する義務がある）と認められる者
　ヘ　納税義務者から財産を譲り受けた（または譲り受ける権利がある）と認められる者
　ト　納税義務者の財産を保管した（または保管する）と認められる者
　また，質問検査権は大きく分けると，

166 第2部　税務調査への対応テクニックQ&A

①　質問

②　帳簿書類その他の物件の検査，提示・提出の求め

の2種類に分けることができ，①については上記イ～トのすべての者に認められていますが，②については，イにしか認められていません。

このことから考えると，「相続人の通帳」というのは，「イ納税義務者」に対する，「②帳簿書類その他の物件の検査，提示・提出の求め」に該当することとなりますので，基本的には見せなければならないということになるでしょう。

また，この規定ぶりをよく見てみると，対象者は「納税義務者（イ）」と「その関係者（ロ～ト）」となっていることがわかります。

「納税義務者」とは，当然相続人などの相続または遺贈により財産を取得した者ということになりますが，肝心の「被相続人」がどこにも規定されていません。

しかし，よく考えてみると，被相続人の相続財産は，相続が開始した時点で納税義務者が取得していることになります。

また，未分割の場合であっても，少なくとも共同相続人間で共有（または準共有）している状況です。

したがって，税務調査が行われる段階では当然に納税義務者の財産となっていますので，「イ納税義務者」に対する，「②帳簿書類その他の物件の検査，提示・提出の求め」に該当することとなり，質問検査権の対象となるということになります。

また，ここで留意すべきは，相続人の通帳などが無条件に質問検査権の対象となるのではなく，「必要があるとき」に限られているということです。

つまり，相続税の調査である以上は，被相続人の相続財産に関連性があるかどうかという観点から，「客観的な必要性」がある場合（最高裁S48.7.10）にはじめて質問検査権の対象とすることができますので，そ

の相続人の預金口座に被相続人名義の不動産の家賃収入などが振り込まれていた場合や，銀行の届出印に被相続人が使っていた印鑑が使用されていた場合，被相続人の口座から相続人の口座への振り込みがあった場合など，客観的に被相続人の相続財産との関連性があると認められる場合は，質問検査権の対象となるということです。

したがって，例えば子どもの個人的な通帳で，子ども自身の給与が振り込まれ，そこから生活費が支出されているだけの通帳などであれば，調査の対象とはならないものと考えられます。

ただし，多額の使途不明金などがあり，これが相続人の預金口座に入金されていないことを確認したいなどという場合には，個別具体的な関連性ではないにしても，「客観的な必要性がある」ものと考えられるため，見せる必要があるでしょう。

いずれにしても，「相続人の通帳だからといって，無条件に見せなければならないというわけではない」ことをしっかりと認識し，「客観的な必要性があるかどうか」を必ず確認し，必要に応じて説明を求めるという対応が必要になってくるでしょう。

◆法的根拠◆
- 国税通則法第74条の3第1項第1号
- 最高裁判所第三小法廷昭和48年7月10日判決

2 税務調査に黙秘権はあるのか？

Q 税務調査は，任意調査といえども受忍義務があると聞きましたが，日本では憲法で「黙秘権」が保障されていると思います。
税務調査では，その黙秘権により調査官の質問に答えないということはできるのでしょうか？

A 原則としてできません。ただし，強制調査の場合は可能です。
　　任意調査　→　原則的に黙秘権なし
　　　　　　　　　※場合によっては認められる可能性があります。
　　強制調査　→　黙秘権あり
と考えていただくとよいでしょう。

 解説

任意調査では任意なのに黙秘権がなく，強制調査では強制なのに黙秘権があるというのは違和感がありますが，これはどういうことなのでしょうか。

(1) 任意調査における黙秘権

① 原則的には認められない

黙秘権は，日本国憲法第38条で，「何人も，自己に不利益な供述を強要されない。」と規定されていますが，まずはこれが任意調査で認められていないのはなぜかを考えていきましょう。

これについては，最高裁判所大法廷昭和47年11月22日判決で明確に判示されています。

この判決の要旨は次のとおりです。

第2章　税務調査時（税務調査での対応テクニック）　**169**

判決の要旨

　この事件は，税務調査では質問検査の結果，所得税逋脱の事実が判明し，刑事訴追を受ける可能性があるため，このような質問検査の供述を強制するような罰則規定（現在の国税通則法第128条第2項，第3項に相当するもの）は，日本国憲法第38条（黙秘権）に照らし違憲であるとして争われたものです。

　この主張に対して，最高裁判所大法廷は裁判官の全員一致により，次の理由から，「違憲ではない」と判決しました。

（一）黙秘権は，刑事責任を問われるおそれのある事項についての供述を強要されないことを保障したものと解すべきであるところ，この罰則規定は，質問検査の受忍を強制する作用を伴うものではあるが，任意調査における質問検査は，刑事責任の追及を目的とする手続ではない。

（二）質問検査の結果，所得税逋脱の事実が発覚する可能性はあるが，これが，刑事責任追及のための資料の取得収集に直接結びつく作用を一般的に有するものではない。

（三）この罰則は必ずしも軽微なものとは言えないが，その強制作用の度合いは，相手方の自由な意思を著しく拘束して，実質上直接的物理的な強制と同視すべき程度にまで達しているものとは認めがたい。

　（筆者注：つまり，日本国憲法第38条に規定する，「強要」とまでは言えないということ）

（四）税の公平確実な賦課徴収を図るという公益上の目的，必要性に鑑みれば，この程度の強制は，不均衡，不合理とは言えない。

　つまり，簡単にまとめると「質問検査権は一般的に犯罪捜査を目的としたものではないため，刑事責任を問われる可能性のある事項について認められた黙秘権は適用されない」ということです。

　なお，国税通則法第74条の8には，「質問検査権は，犯罪捜査のため

に認められたものと解してはならない」と規定されていますが，この規定は単に「税務調査と犯罪捜査を混同してはならない」というだけにとどまらず，「任意調査において黙秘権を認めない」という機能も果たしていることがわかります。

また，刑事訴訟法第239条第2項には「官吏又は公吏は，その職務を行うことにより犯罪があると思料するときは，告発をしなければならない。」と，公務員の犯罪告発義務が定められています。

②　任意調査でも黙秘権が認められる可能性がある

前述の判例は，質問検査権を拒否したという個別事案に関する争いではなく，当時の所得税法第70条第10号（質問検査権の罰則規定）という法律の規定が違憲かどうかが争われた事案です。

また，判決理由の（二）では，「刑事責任追及のための資料の取得収集に直接結びつく作用を"一般的"に有するものではない。」とされていますので，これはあくまで一般論を理由として，法律の規定が違憲かどうかが判断されていることとなります。

それでは，これが一般論ではなく，個別的に刑事訴追を受ける可能性があるという場合の黙秘権はどうなのでしょうか。

これについては，残念ながら，法律の規定や判例などの明確な法的根拠は存在しませんが，前述の判例でも示されているとおり，黙秘権は，「刑事責任を問われるおそれのある事項について保障される」ことが明確になっており，かつ，これを否定する他の法律，判例などがないということであれば，任意調査であっても具体的に刑事責任が問われる可能性がある質問・検査については，黙秘権が認められる可能性はあるものと考えられます。

ただし，実際の税務調査の場面で，これを主張し，黙秘権を行使しようとしてしまうと，それは「私は脱税をしていますよ」と言っているこ

ととと同じことになりますので，安易に行うべきではないでしょう。

また，万が一，他の犯罪に関連するような事項が任意調査で質問された場合は，黙秘権を主張するということはあり得るかと思います。

（2）強制調査における黙秘権

強制調査とは，第１章でもご説明したとおり，国税犯則取締法（平成30年４月１日より国税通則法に編入）の規定に基づき，租税犯の処罰を目的として行われるものです。

したがって，任意調査とは異なり，刑事責任が問われる可能性があることは明確ですので，黙秘権が認められることになります。

◆**法的根拠**◆
- 日本国憲法第38条
- 最高裁判所大法廷昭和47年11月22日判決

---

3 職務上の守秘義務（医者や弁護士など）と質問検査権の受忍義務はどちらが強い？

> **Q** 個人の開業医をしていた父がなくなり，相続税の申告をしましたが，現在，その申告について税務調査を受けています。
> 　その際，調査官から「カルテを見せてください」と言われてしまいました。
> 　カルテを見せるのは構わないのですが，私自身も父の病院を引き継いだ医師であり，医師には法律で守秘義務が課せられているため，見せてしまってもよいものか迷っています。
> 　どうすればよいのでしょうか？

A 直ちに見せる必要はありません。
　まずは，相続税の調査をする上で，「必要がある」のかどうかを確かめてください。
　相続税の税務調査では，相続財産が適正に計上されているかどうかが確認できればよいはずですから，それを確認するための資料が他にあれば，必ずしもカルテである必要はありません。
　しかし，残念ながら，どうしてもカルテでなければ確認できないような場合（つまり「必要がある」場合）には，少なくとも質問検査権の範囲内であるため，「間接的な受忍義務がある」と言わざるを得ないでしょう。

 解説

(1) 医師の守秘義務について

　まず医師としての守秘義務は刑法第134条に次のように規定されてい

第2章　税務調査時（税務調査での対応テクニック）　**173**

ます。

【刑法第134条】

（秘密漏示罪）

　　医師，薬剤師，医薬品販売業者，助産師，弁護士，弁護人，公証人又はこれらの職にあった者が，**正当な理由がないのに**，その業務上取り扱ったことについて知り得た人の秘密を漏らしたときは，6月以下の懲役又は10万円以下の罰金に処する。

　つまり，我々税理士のお客様である医師の方は，この法律に違反してしまうと，医師法などではなく刑法により秘密漏示罪という罪で罰せられてしまうことになってしまいますので，そのような事態にならないようしっかりとした対応をしなければなりません。

（2）「税務調査手続に関するFAQ（一般納税者向け）」

　では，この問題に対して，税務当局側はどのようにとらえているのでしょうか。

　「税務調査手続に関するFAQ（一般納税者向け）」の問8には，次のような記載があります。

【税務調査手続に関するFAQ（一般納税者向け）問8】

Q　調査対象となる納税者の方について，医師，弁護士のように職業上の守秘義務が課されている場合や宗教法人のように個人の信教に関する情報を保有している場合，業務上の秘密に関する帳簿書類等の提示・提出を拒むことはできますか。

A　調査担当者は，**調査について必要がある**と判断した場合には，業務上の秘密に関する帳簿書類等であっても，**納税者の方の理解と協力の下，その承諾を得て**，そのような帳簿書類等を提示・提出いただく場合があります。いずれの場合においても，調査のために必要な範囲で

174 第2部　税務調査への対応テクニックQ&A

> お願いしているものであり，**法令上認められた質問検査等の範囲に含まれるものです。調査担当者には調査を通じて知った秘密を漏らしてはならない義務が課されていますので，調査へのご協力をお願いします。**

　つまり，税務当局としては，「調査官にも守秘義務があるので大丈夫ですよ」ということを言っているわけですが，これを鵜呑みにしてしまってもよいのでしょうか。

　この疑問点については後ほど解説するとして，まずはこのFAQを足がかりに税務調査での対応方法を考えていきたいと思います。このFAQのポイントをまとめると次のとおりです。

・ポイント①調査について必要があるときであること

　これは，質問検査権の根拠規定である，国税通則法第74条の2～6（相続税の場合は第74条の3）を意識しての文言と思われます。

　つまり，同規定では質問検査権を行使することができる場合として，「調査について必要があるとき」と明確に規定しているため，守秘義務云々という話の前に，任意調査である以上，「必要があるとき」でなければ，そもそも見せる必要はないということに注意が必要です。

・ポイント②納税者の理解と協力の下その承諾を得て行うものであること

　任意調査である以上，必ず納税者の同意が必要であるということです。

　つまり，納税者が拒否してしまえば，強制的にカルテを見ることはできません。

　ただし，正当な理由がなく拒否をしてしまえば，1年以下の懲役または50万円以下の罰金に処されることを覚悟しなければなりません（国通法128三）。

　このように（ポイント①）と（ポイント②）を見てみると，この問題

第2章　税務調査時（税務調査での対応テクニック）　**175**

は医師としての職務上の守秘義務という論点の前に，そもそも税務職員の質問検査権の行使であるということが前提となっていることがわかりますので，まずは，基本に立ち返って，「必要があるのかどうか」という論点で対応をすることが得策といえるでしょう。

• **ポイント③法律上認められた質問検査等の範囲に含まれるものであること**

税務当局側では，カルテの検査は「質問検査等の範囲に含まれる」とはっきり結論づけているようです。

この結論は判例（最高裁H2.7.19など）で裏付けられていますので，税理士としても，これを前提に対応することが必要です。

つまり，質問検査等の範囲に含まれるということは，間接的な受忍義務があり，前述のとおり拒否をしてしまうと，1年以下の懲役または50万円以下の罰金に処せられてしまう可能性があるということです（国通法128三）。

ただし，注意しておきたいのは，このような判例があるからといって，それだけを根拠にして「カルテを見せてください」というのは通用しないということです。

前述のとおり，これはあくまで質問検査権の行使であることが前提ですので，調査に必要でない場合には見せる必要はないことをしっかりと認識しておかなければなりません。

（3）医師の守秘義務VS質問検査権の受忍義務

それでは，医師としての職務上の守秘義務と質問検査権の受忍義務のどちらが強いのでしょうか。

つまり，言い換えると，

① 　カルテの開示を拒否した場合，国税通則法第128条第3号（質問

検査権の罰則規定）の「正当な理由」となるのか？

または

② カルテの開示をした場合，刑法第134条の「正当な理由」となるのか？

ということになりますが，これは非常に難しい問題で，残念ながら法令，判例，学説などでも明確な答えが出ていないというのが現状です。

したがって，残念ながら前述の税務当局側の見解のように，必ずしも「調査官にも守秘義務があるから大丈夫」という保証はありません。

国税サイドもFAQにおいて明確に「大丈夫」と言っているわけではなく，「守秘義務がありますので，ご協力お願いします。」という，なんとも中途半端な表現にとどまっています。

また，上記，最高裁判所平成2年7月19日判決においても，あくまで「カルテは質問検査権の範囲内であるため，税務職員がその検査をすることは適法である」といっているだけであり，決して，「税務調査における開示の場合は，刑法第134条秘密漏示罪には当たらない」とはいっていないのです。

（4）税理士としての対応方法

では，このような現状の中，税理士としては，どのように対応すればよいのでしょうか。

これについては様々な考え方があると思いますが，やはり前述のとおり，まずは「調査について必要があるかどうか」という論点で対応することが得策であると考えられます。

そこで，もしカルテの開示以外に代替方法があるのならば，そちらで対応するという姿勢が何よりも大切です。

もし，相続財産の規模を確認するために，医師としての売上を把握し

第2章　税務調査時（税務調査での対応テクニック）　**177**

たいということであれば，例えば，社会保険診療報酬などであれば，レセプトや通知書を確認した上で，窓口で受け取った現金売上などと突合すれば十分事足りますし，仮に自由診療報酬であったとしても，まずいきなりカルテの確認ということではなく，帳簿書類の確認により，具体的かつ客観的にどのような理由から計上漏れの可能性が懸念されるのか，また，カルテを確認することでそれがどう解決されるのか，の説明を調査官に求め，これに不備がある場合は，カルテの開示はできず，これは受忍義務違反ではないということを毅然とした態度で主張することが大切です。

　また，質問検査の必要性は，単に必要であるということにとどまらず，「質問検査の必要性と，相手方の私的利益との衡量において社会通念上相当」かどうかで判断すべき（最高裁S48.7.10）です。

　したがって，相続税の税務調査については，医師には守秘義務があり，刑法で罰せられる可能性があるという中で，これとの衡量の上，本当に相続財産の確認のためにカルテが必要なのかというと，個人の所得税の調査と比べ，その必要性は低いと考えられるのではないでしょうか。

　また，もしカルテの開示を強要したとすれば，前項で解説した黙秘権の観点からも問題がある可能性があります。

◆法的根拠◆
- 国税通則法第74条の3
- 刑法第134条
- 最高裁判所第一小法廷平成2年7月19日判決
- 最高裁判所第三小法廷昭和48年7月10日判決

（参考）
- 税務調査手続に関するFAQ（一般納税者向け）問8

4 調査官にパソコンを見せてくださいと言われたら？

Q 税務調査の際，調査官から「パソコンを見せてください」と言われました。
特に疑わしいものがあるわけではないので，見せる分には構わないのですが，パソコンにはプライベートなデータも入っており，調査官にパソコンを操作されてしまうのには抵抗があります。
このような場合，どのように対応すればよいでしょうか？

A 調査官にパソコンを触らせる必要はありません。
もし，パソコンの中に税務調査に必要なデータが入っているのであれば，調査官に見たいデータを聞き，それをディスプレイ上に表示するかプリントアウトして見せるだけで十分です。

解説

これについては，「税務調査手続に関するFAQ（一般納税者向け）」の問5に，次のとおり明確に答えがあります。

【税務調査手続に関するFAQ（一般納税者向け）問5】
Q 提示・提出を求められた帳簿書類等の物件が電磁的記録である場合には，どのような方法で提示・提出すればよいのでしょうか。
A 帳簿書類等の物件が電磁的記録である場合には，提示については，その内容をディスプレイの画面上で調査担当者が確認し得る状態にしてお示しいただくこととなります。
　一方，提出については，通常は，電磁的記録を調査担当者が確認し得る状態でプリントアウトしたものをお渡しいただくこととなります。また，電磁的記録そのものを提出いただく必要がある場合には，調査担当者が持参した電磁的記録媒体への記録の保存（コピー）をお願い

第2章　税務調査時（税務調査での対応テクニック）　**179**

> **する場合もあります**ので，ご協力をお願いします。
>
> （注）提出いただいた電磁的記録については，調査終了後，確実に廃
> 　　　棄（消去）することとしています。

　つまり，まとめると，次のようになります。

- 提示　→　ディスプレイで表示
- 提出　→　プリントアウトまたはデータのコピーをお願いする場合
　　　　　　　がある。

　したがって，基本的に調査官にパソコンを触らせる必要はないということになります。

　また，仮にデータのコピーもして欲しくないといった要望が納税者の方からあった場合には，どのように対処すればよいのでしょうか。

　この場合も，まずは質問検査権の基本に立ち返り，「必要があるのかどうか」（国通法74の3）を調査官に確認すべきです。

　よほどのことがない限りは，プリントアウトで十分といえるものと思われます。

　◆法的根拠◆

- 国税通則法第74条の3

（参考）

- 税務調査手続に関するFAQ（一般納税者向け）問5

---

180 第2部　税務調査への対応テクニックQ&A

5　金庫を調べられた場合の対応テクニック

Q 税務調査の際，金庫を見せてくださいと言われました。
　　金庫には既に申告済みの不動産の権利書の他には特に被相続人の財産となるようなものは入っておらず，家族の思い出の写真など，調査官といえども他人にはあまり見られたくないものも一緒に保管してあります。
　　このような場合には，どのように対応したらよいでしょうか？

A 相続税の税務調査においては，基本的に見せる必要があるものと考えられます。
　ただし，相続財産に関係のないものまで見せる必要はありませんので，その調査方法については，調査官とよく協議し，調査がプライベートなものにまで及ばないような措置をとることが必要です。

📖 解説

　相続税の税務調査において，金庫には被相続人の相続財産に関連する資料が保管されていることが多く，これを調べることは質問検査権の範囲内であるというのが一般的な考え方であるため，基本的には見せる必要があるものと考えられます。

　ただし，当然ながら任意調査である以上，納税者の同意もなしに，調査官が勝手に金庫の中身を物色することは明らかに質問検査権の範囲を逸脱していますので，仮にこのような違法な調査が行われてしまった場合には，本章第1節3で説明したとおり，国家公務員法違反で懲戒処分の対象となる（国公法98①，事務運営指針第1章）とともに，国家賠償責任（国賠法1①）を問うことができる可能性があります。

　金庫の調査ではありませんが，最高裁の判例で，調査官が納税者の許

第2章　税務調査時（税務調査での対応テクニック）　**181**

可なく住居に侵入した行為は，正当な質問検査権の行使とはいえないとして，国家賠償責任（10万円）を認めたという事例があります（最高裁S62.12.20）。

　したがって，納税者が難色を示しているにもかかわらず，調査官が勝手に金庫の中身を物色し始めたような場合には，まずこのような例を示しながら，「任意調査なので，納税者の同意なく調査をすることはできません。このような行為は国家賠償責任が問われる可能性がありますよ」と毅然とした態度で主張し，まずは調査官の行為を制止する対応が求められるでしょう。

　その上で，質問検査権は「必要がある場合」に限られる（国通法74の3）ことを根拠に，金庫の中身をまずは口頭で説明し，必要な物件を隠す意図はないことを誠実に説明した上で，調査に必要なもの（不動産の権利書など）だけを個別に見せるなど，プライベートなものは見られないような措置をとることができるよう，その調査方法について調査官と交渉してみることも必要でしょう。

　このように，調査の範囲を「必要がある場合」に限定することは，決して質問検査権の受忍義務違反になるものではありませんので，調査拒否の意図はないことも明確に主張しながら，粘り強く交渉することが大切です。

　ただし，調査官が金庫の中身を見ることにつき，客観的な必要性を説明しているにもかかわらず，頑なに拒否してしまうと，質問検査権の受忍義務違反となることも考えられますので，慎重な対応は必要となります。

　また，その際，万が一にでも納税者の方が重要な書類などを隠したりしてしまわないよう，仮装・隠蔽による重加算税や，質問検査権の受忍義務違反による罰則などの説明を納税者にしてあげることも必要です（調査官の目の前で説明をしておくと，調査に協力的であることがア

182 第2部　税務調査への対応テクニックQ&A

ピールできて効果的です。）。

　しかしながら，相続税の税務調査においては，自宅内の金庫を調べることは通常行われることですので，事前通知があった段階で，金庫内にあるプライベートな品物などはあらかじめ引き揚げておくよう，事前準備をしておくことが，最も有効な対応方法であるといえます。

　後日，調査の際に，調査官から「最近金庫の中身はさわりましたか？」などという質問があった場合には，決して隠さず移動したものを正直に答えるようにしましょう。

　そうしておけば，重加算税の仮装・隠蔽や，質問検査権の受忍義務違反などに問われる心配はありません。

　特に貸金庫の場合には開閉記録が残されており，税務調査の際にはこれも当然確認することになりますので，注意しなければなりません。

　また，自宅内の金庫，貸金庫にかかわらず，金庫内には被相続人の財産だけが入っているわけではなく，家族の財産も一緒に入っているということが往々にしてあります。

　このような場合には，不当に名義財産と認定されてしまわないように，相続人固有の財産であることを明確に説明できるようにしておくことも必要です。

◆**法的根拠**◆
- 国家賠償法第1条
- 国税通則法第74条の3
- 最高裁判所昭和62年12月20日判決
- 国家公務員法第98条第1項
- 調査手続の実施に当たっての基本的な考え方等について（事務運営指針）第1章

第3節　その他

1　立証責任はどちらにあるのか？

> **Q**　税務調査の際，被相続人の預金通帳を調べた結果，多額の使途不明金が発見されました。
>
> 　調査官からその用途を尋ねられましたが，自分自身が引き出したお金ではないため，本当に何もわかりませんので正直にそう答えました。
>
> 　すると，調査官が「何かに費消したなど，相続財産でないことをあなたが証明しない限り，相続財産として課税します。」と言われてしまいました。
>
> 　しかし，引き出されたお金は確かに手元になく，「相続財産です。」と言われても到底納得できません。
>
> 　このような調査官の主張は，法的に正しいのでしょうか？

A　「納税者側で立証しないと課税する」という調査官の主張は，立証責任の観点から誤りであり，また，課税要件事実の認定方法としても，不適切であるといわざるを得ません。

解説

　税務調査における「立証責任」を説明する際，「①立証責任は基本的に税務署側にある」「②立証責任がどちらにあるかは，最終的には個々に判断するしかない」「③納税者に有利な事項は納税者側に立証責任がある」などという話をよく聞きます。

　ここではまず，立証責任の正しい考え方を解説した上で，この考え方

184 第2部 税務調査への対応テクニックQ&A

に基づき，質問にある「あなたが証明しない限り，相続財産として課税します。」という調査官の発言や，上記①〜③について検証していきたいと思います。

（1）立証責任とは（客観的立証責任）

立証責任とは，「民事訴訟において，ある一方の当事者が要件事実を立証できなかった場合には，その当事者が主張する法律効果の発生を受けることができないという不利益を受けること」をいいます。

ここで，大切なのは，「民事訴訟(注)において」という部分です。

つまり，このような意味における立証責任とは，民事訴訟において出てくる考え方なのです。

（注）税務訴訟は，行政事件訴訟法の適用を受けますが，この行政事件訴訟法は民事訴訟法の特別法として位置付けられており，行政事件訴訟法に定めのない事項は民事訴訟法の例による（行訴法7）とされているため，税務訴訟においても原則として立証責任の考え方が妥当すると考えられています。

税務当局と納税者との間で課税要件事実の認定についての争いがある場合，税務調査から訴訟までの過程において，双方の立証活動等により何が正しいのかを検証していくことになりますが，それでも最終的にその真偽が不明（ノンリケット）となる場合があります。

しかし，このような場合であっても裁判所は何らかの判決を下さなければなりません。

そこで出てくる考え方が，「立証責任」です。

つまり，「真偽不明（ノンリケット）の場合は，立証責任を負う側の主張がなかったものと擬制され判決される」ということで，「半ば強引に決着をつけるための考え方」が立証責任であるといえます。

したがって，「立証できなければ不利益を受ける」という半ば強引な

第2章　税務調査時（税務調査での対応テクニック）　**185**

取扱いは，税務調査の段階で出てくるものではなく，訴訟になり，さらに最終的に課税要件事実の真偽が不明（ノンリケット）となった場合にはじめて出てくる考え方であるということができます。

　したがって，ご質問にあるように，税務調査の場面において，「あなたが証明しなければ課税します。（つまり納税者が不利益を受ける）」という調査官の発言は，間違ったものといわざるを得ません。

（2）主観的立証責任

　上記のとおり，「立証できなければ不利益を受ける」という取扱いは，最終的に真偽不明（ノンリケット）となった場合にはじめて出てくる考え方ですが，それまでの課税要件事実の認定過程において，何も立証活動がされないわけではありません。

　主張の内容に応じて，納税者または税務当局のそれぞれに，自己の主張を裏付けるための"立証の必要性"が生じることとなります。

　この"立証の必要性"のことを，「主観的立証責任」と位置づけ，これに対して，上記（1）の立証責任を「客観的立証責任」とする考え方があります。

　「主観的立証責任」は，いまだ真偽不明（ノンリケット）の状況に陥っていないことから，立証できないことが直ちに不利益を受けることにはならないという点で「客観的立証責任」と大きく異なります。

　もちろん，立証ができないことは不利に働くことにはなりますが，質問にあるように，直ちに課税されることにはなりません。

　したがって，税務調査の場面で出てくる立証責任は，真偽不明（ノンリケット）となった場合に不利益を受けるという「客観的立証責任」ではなく，あくまで，課税要件事実の認定のための"立証の必要性"からくる「主観的立証責任」と同様のものであるということができます。

186 第2部　税務調査への対応テクニックQ&A

（3）立証責任はどちらにあるのか？

① 法律要件分類説

　それでは，次に，具体的に立証責任は納税者側にあるのか，それとも税務当局側にあるのかを判定する際の基本的な考え方について説明していきます。

　この考え方を「立証責任の分配」といいますが，学説では「法律要件分類説」を基礎として分配する考え方が通説となっています。

　法律要件分類説とは，法律の規定をいくつかのパターンに分類して，それぞれ立証責任を分配するという考え方です。

> **■法律要件分類説**
> （一）権利根拠規定
> 　　権利の発生を定める規定については，その発生を主張する側が立証責任を負う
> （二）権利障害規定
> 　　権利の不発生を定める規定については，その不発生を主張する側が立証責任を負う
> （三）権利消滅規定
> 　　権利の消滅を定める規定については，その消滅を主張する側が立証責任を負う
> （四）権利阻止規定
> 　　権利行使を阻止することを定める規定については，その阻止を主張する側が立証責任を負う

　更正・決定処分の取消訴訟では，総額主義で国に租税債権があるかどうかが争われることが一般的であり，その租税債権の発生根拠となる規定は，例えば相続税の場合は相続税法第11条となります。

第2章　税務調査時（税務調査での対応テクニック）　**187**

【相続税法第11条】

（相続税の課税）

　相続税は，この節及び第3節に定めるところにより，相続又は遺贈により財産を取得した者の被相続人からこれらの事由により財産を取得したすべての者に係る相続税の総額（以下この節及び第3節において「相続税の総額」という。）を計算し，当該相続税の総額を基礎としてそれぞれこれらの事由により財産を取得した者に係る相続税額として計算した金額により，課する。

　この規定は上記のとおり，国の租税債権の発生の根拠となる規定であるため，法律要件分類説に従うと，「（一）権利根拠規定」に該当することから，この立証責任は，その租税債権の発生を主張する国側にあるということがいえます。

　これが，解説冒頭の「①立証責任は税務署側にある」の根拠の1つと考えられます。

　さらに，実際の裁判においても，この法律要件分類説について直接言及しているわけではありませんが，「所得の存在及びその金額について決定庁が立証責任を負うことは言うまでもないところである。」（最高裁判所第三小法廷昭和38年3月3日判決）などとしており，一般的に，この法律要件分類説を基礎として判断しているといわれています。

②　具体的事案説

　しかしながら，上記の考え方により，税務訴訟においてすべての立証責任を税務当局側に負担させてしまうことは必ずしも適切とはいえません。

　少し極端な例ではありますが，例えば相続税の申告において，納税者が実際にはまったく存在しない債務を何の根拠もなく計上して申告して

188 第2部　税務調査への対応テクニックQ&A

いたとします。

　一般的に"存在しないこと"の証明は困難であると考えられ，そのような場合にまで税務当局側に，債務の存在はなく，租税債権が発生していることの立証責任を負わせることは不適切であることは明らかです。

　このような場合には，社会通念に照らしても，まず納税者側が何かしらの根拠をもってその債務の存在を主張・立証すべきです。

　このように，「立証の困難性その他の状況等」により，個別の具体的事案ごとに立証責任の分配をするという考え方を，学説上，「具体的事案説」と分類されることがあります。

　実際の訴訟においては，上記「法律要件分類説」を基礎としつつ，この「具体的事案説」を考慮に入れながら立証責任の分配をしていくことが一般的であるといわれています。

　解説冒頭にある「②立証責任がどちらにあるかは，最終的には個々に判断するしかない」は，この「具体的事案説」の考え方が影響しているものと考えられます。

　また，「③納税者に有利な事項は納税者側に立証責任がある」という考え方についても，「具体的事案説」の観点からは，当事者の有利不利についても判断材料の1つとなり得ますので，この点からは妥当な考え方であるということができますが，あくまで，判断材料の1つに過ぎないことは認識しておくべきです。

③　客観的立証責任の分配

　上記①②の考え方は，客観的立証責任の分配方法として説明されることが一般的ですが，客観的立証責任は，訴訟の最終局面になってはじめて出てくるものですので，その分配はいわば最終的な立証責任の分配であるということができます。

　したがって，これらの考え方は，最終的な立証責任の分配の考え方と

して，税務調査の場面でも当然に影響する考え方であるということができます（もちろん"不利益を受ける"ことはなく，あくまで，分配の考え方が影響するにすぎません。）。

④　主観的立証責任の分配

　次に，主観的立証責任の分配についてですが，これは，前述したとおり，「立証の必要性」に応じて，それぞれが負担していくこととなります。

　つまり，先ほどの債務の例で説明すると，まずは，納税者側が何らかの根拠を示す必要があるものと思われますが，例えば，何らかの入金を指して，「これが借入金です。」と主張した場合，次は税務当局側が「その入金は借入金ではなく，単なる別の口座からの資金移動です」などと，その入金が借入金でないことを主張・立証する必要があります。

　このように，主観的立証責任とは，なにも難しい考え方ではなく，課税要件事実の認定の過程において，自らの主張を相手方に認めてもらうために当然に発生する「立証の必要性」に応じて，当事者双方がそれぞれ負担すべきもので，立証活動のいかんによってその都度それぞれの当事者に移転する性質があります。

　言いかえれば，冒頭の「③納税者に有利な事項は納税者側に立証責任がある」という考え方のように，有利不利であらかじめ定まっているというものではありません。

　これに対して，客観的立証責任は，訴訟が始まった段階で当事者のどちらに分配されるかがあらかじめ決まっており，立証活動のいかんによって移転するものではありません。

⑤　税務調査における立証責任の分配

　このように，税務調査の場面で出てくる立証責任は，訴訟の最終局面

190 第2部 税務調査への対応テクニックQ&A

の考え方が当然に影響するため，法律要件分類説に基づき基本的には税
務当局側にあるとしつつも，具体的事案説に基づき個々の事案ごとに分
配されるという考え方を基本としつつ，これに縛られることなく立証の
必要性に基づく主観的立証責任の分配により，双方が立証活動を行うこ
とにより，課税要件事実を認定していくべきであると考えられます。

（4）課税要件事実の認定方法

　上記の「自分で主張・立証しなければ，相手方に認めてもらえない
（主観的立証責任）」と「立証できなければ不利益を受ける（客観的立証
責任）」という点は非常に似ており，このことも誤解を招く要因となっ
ているものと思われますが，税務における課税要件事実の認定の観点か
らは両者に明確な違いがあります。

　まず，訴訟では，上記のとおり弁論主義が採用されています。

　弁論主義とは，「当事者が主張しない事実については，判決の基礎と
することができない」という民事訴訟における原則です。

　したがって，訴訟において裁判所は，たとえ一方の当事者に有利な事
実に気づいていたとしても，その当事者がこれを主張しない限り，これ
を証拠として採用することができません。

　この弁論主義が採用されているからこそ，訴訟において客観的立証責
任が妥当することとなります。

　これに対して，税務調査の段階では訴訟のように弁論主義という考え
方は採用されておらず，むしろ租税法律主義（憲法84）の重要な構成要
素の1つである，「合法性の原則」に基づき，法律に従い粛々と課税が
なされるべきです。

　したがって，税務調査の場面において，仮に税務当局が納税者に有利
な証拠をつかんでいる場合，納税者側が主張しなくてもこれを採用し，
法律に従った課税を行わなければなりません。

第2章　税務調査時（税務調査での対応テクニック）　**191**

税務当局にこれを採用しないという裁量は与えられていないのです。

これは，更正の請求を行った場合や，更正・決定処分を行う場合，税務当局は必ず，「調査に基づき」行わなければならない（国通法23，24，25）ことでも担保されているものと考えられます。

また，国税不服審判所への審査請求をした場合の職権探知主義（国通法97）でも同様です。

（5）具体的な裁判例

立証責任について，基本的な考え方がわかったところで，「立証責任はどちらにあるのか？（立証責任の分配）」の判断をする際に参考[注]となる裁判例をいくつか紹介したいと思います。

（注）立証責任の分配の考え方は諸説あり，特に具体的事案説の適用については，各々の事案によってその判断がまちまちであることから，下記事案が，判例法理として十分に確立されているとは言い切れない部分もあります。

①　更正・決定処分の取消訴訟における立証責任

> **沖縄地方裁判所 平成21年10月28日判決**
>
> **被告が主張する**国税鑑定による評価，**原告らが主張する**B鑑定による評価の**いずれも適切である**とはいえず，採用することができないことに帰するところ，そうである以上，本件土地1ないし6の相続開始時点の時価についての**立証責任を負う被告による同時価の立証がされていない**ものというほかなく，原告らが認める限度，すなわち，**原告ら主張の時価を基準とするほかない。**

税務訴訟においては，課税事実要件の認定において，真偽不明（ノンリケット）となるケースは少ないのが実情ですが，この裁判例は原告・被告の主張がいずれも認められず，弁論主義の下，正に真偽不明（ノン

リケット）の状況となり，客観的立証責任の分配により被告（国）側が敗訴した典型的な事例です（前述したとおり，強引に判決をしていることがわかります。）。

また，この裁判例は更正処分の取消訴訟ですが，この場合，法律要件分類説により，ストレートに客観的立証責任の分配が行われていることがわかります。

ちなみに，この裁判例では，国側の主張も鑑定評価となっていますが，下記②の裁判例のように，通達評価を主張していれば国側の勝訴となったことが十分に想定されます。

② 更正をすべき理由がない旨の通知処分の取消訴訟の立証責任

> ― 東京高等裁判所 平成17年2月23日判決 ※要約 ―
>
> （判示1）
> 　課税庁が**財産評価基本通達**にしたがって**評価**したことを主張・立証した場合には，これが**適正**であると**事実上推認**することができ，このような場合には，納税者側でこの推認を覆す立証が必要。
>
> （判示2）
> 　**更正をすべき理由がない旨の通知処分の取消訴訟においては，納税者側が立証責任を負う。**

判示1では，財産評価基本通達による評価は適正であると推認しています。

これにより課税庁側の客観的立証責任が果たされたことになり，これ以降，真偽不明（ノンリケット）の状況は生じ得ないことになります。

したがって，納税者側に課せられた立証責任は，これに反論する必要性が生じたことに伴う主観的立証責任であると考えられます。

さらに，判示2で，更正をすべき理由がない旨の通知処分の取消訴訟

では，納税者側が立証責任を負うとして，上記②の更正処分の取消訴訟と異なる考え方を示していることにも注意が必要です。

（6）まとめ

このように，「立証責任の分配」については，特に具体的事案説の存在により，冒頭にある「②立証責任がどちらにあるかは，最終的には個々に判断するしかない」という状況であり，その判断基準が明確でない状況ではありますが，少なくとも税務調査の場面においては，次のようなポイントを常に意識し，納税者に過度に不当な立証責任が課されないよう注意しておく必要があります。

■税務調査で意識しておくべきポイント

① 法律要件分類説の考え方を基礎とすれば，客観的立証責任は原則として税務当局側にあること

② 客観的立証責任と主観的立証責任は明確に区分されるべきであり，少なくとも税務調査の場面においては，客観的立証責任のように立証できなかった場合に直ちに納税者が不利益を受けるものではないこと

③ 弁論主義を採用している訴訟とは異なり，税務調査の場面においては，たとえ納税者が主張していない事項や，納税者側で完全な立証が困難な事項であっても，税務当局側で把握している証拠等がある場合にはこれを採用し，合法性の原則に則り，法律に従い課税がなされるべきであること

つまり，税務調査は弁論主義でもなければ，客観的立証責任が課されるものでもないため，調査官が発する「立証責任」という言葉に惑わされず，あくまで合法性の原則の下，適正な課税が行われることが大切であるということです。

194 第2部 税務調査への対応テクニックQ&A

◆法的根拠◆

- 相続税法第11条
- 国税通則法第23条，第24条，第25条
- 国税通則法第97条
- 最高裁判所第三小法廷昭和38年3月3日判決

(参考)

- 沖縄地方裁判所 平成21年10月28日判決
- 東京高等裁判所 平成17年2月23日判決

2　質問応答記録書に署名押印を求められたら？

> **Q**　調査官から「質問応答記録書」に署名押印を求められていますが，素直に応じてよいのでしょうか？

A　署名押印は任意ですので，署名押印をしなくても問題はありません。

内容をよく精査し，場合によっては拒否することも検討した方がよいでしょう。

解説

（1）質問応答記録書

調査官が税務調査の際に作成する書類のなかに，「質問応答記録書」という行政文書があります。

これは，調査官が質問検査等の一環^(注)で納税義務者等への質問に対して回答を受けた事項について書面化し，署名押印を求めるものです。

この署名押印はあくまで任意で行うものですので，納得がいかないものについては，署名押印する義務はありません。

（注）質問検査等の一環で行われるのは，あくまで「納税義務者等に対する質問」であるため，質問応答記録書の作成自体は質問検査権の行使（国通法74の3　※相続税の場合）に当たらず，これを拒否しても罰則規定（国通法128）の適用はないものと考えられます。

（2）質問応答記録書の作成目的

質問応答記録書は，調査後に争いになった場合を想定して，国税不服審判所の審判官や裁判所の裁判官といった第三者へ証拠資料として提示

することを想定して作成されています。

「質問応答記録書作成の手引」にも、「事案によっては、この質問応答記録書は、課税処分のみならず、これに関わる不服申立て等においても証拠資料として用いられる場合があることも踏まえ、第三者（審判官や裁判官）が読んでも分かるように、必要・十分な事項を簡潔明瞭に記載する必要がある。」と記載されています。

つまり、調査後の争いにおける税務当局側の主張の証拠資料として作成されるということですので、この書類の作成が納税者にとって有利になることはありません。

署名押印はあくまで任意ですので、その点も十分考慮した上で、署名押印をするかどうか検討する必要があります。

（3）署名押印を拒否した場合

では、署名・押印が拒否された場合、税務当局側ではどのような対応がとられるのでしょうか。

これも、「質問応答記録書作成の手引」に記載があり、まず、「任意で行うべきものであり、これを強要していると受け止められないよう留意する」とした上で、「署名押印欄は空欄」にしたままで、「回答者が署名押印を拒否した旨（理由がある場合はこれも併せて）」を記載し、また、「回答者が署名押印を拒否したものの記載内容に誤りがないことを認めた場合にはその旨記載する。」としています。

したがって、署名押印を拒否した場合は、例えば次のような問答が想定されます。

調査官　「署名押印を拒否されるのですね。これはあくまで任意ですので結構ですよ。

　　　　　でも、なぜ拒否されるのですか？　何か内容に間違いでもあ

第2章　税務調査時（税務調査での対応テクニック）　**197**

　　　　　りましたか？」

納税者　「う～ん，特に内容に間違いがあるというわけではありません
　　　　　が，署名押印はちょっと…」

調査官　「そうですか。では，記載内容は正しいということでよろしい
　　　　　ですね。その旨だけ記載させていただきます。」

　このような具合で，自然な会話の流れで，「拒否の理由」と「記載内
容に誤りがない旨」の確認が行われるものと思われますので，署名押印
を拒否したい場合は，その後の「記載内容に誤りがない旨」についても，
ノーコメントとするなどの対応が必要となるでしょう。

◆**法的根拠**◆
- 国税通則法第74条の3
- 国税通則法第128条
（参考）
- 質問応答記録書作成の手引

198　第2部　税務調査への対応テクニックQ&A

3　税務署の指導に基づく処理を否認されたら？

Q 以前，税理士に依頼せず税務署に相談しながら，担当者の方に指導していただいたとおり相続税の申告書を提出しました。

　ところが先日，その申告について税務調査があり，被相続人の自宅兼長男である私の自宅（二世帯住宅）のうち長男自宅部分の敷地については，小規模宅地等の特例の適用は受けられないということで，追徴課税を受けてしまいました。

　確かに申告当時，そのような話も出てきたので，自宅の見取り図や設計図なども提出した上で，その構造や設備，親族の居住状況などを詳細に説明した記憶があります。

　その結果，担当者の方の当時の判断は，小規模宅地等の特例の適用が受けられるということでしたので，そのとおりに申告をしました。

　申告が間違えていたということですので，本税部分を納めるのは仕方がありませんが，過少申告加算税まで課されてしまうのは納得がいきません。

　何かいい方法はないでしょうか？

A 過少申告加算税が課されない「正当な理由」に該当する可能性があると考えられます。

📖 解説

（1）正当な理由

　過少申告加算税および無申告加算税については，正当な理由があると認められる場合には課されません（国通法65④一，66⑤）。

第2章　税務調査時（税務調査での対応テクニック）　**199**

　この「正当な理由」とは，加算税を課すことが納税者にとって不当または酷となる特殊な事情がある場合をいうと解されています。

　過少申告加算税等の「正当な理由」について，各税目の事務運営指針にその具体例が示されています。

　所得税に関する取扱い「申告所得税及び復興特別所得税の過少申告加算税及び無申告加算税の取扱いについて（事務運営指針）」では次のとおり定められています。

【申告所得税及び復興特別所得税の過少申告加算税及び無申告加算税の取扱いについて（事務運営指針）第1　過少申告加算税の取扱い】
（過少申告の場合における**正当な理由があると認められる事実**）
1　（略）
　（1）（2）　（略）
　（3）確定申告の納税相談等において，**納税者から十分な資料の提出等があったにもかかわらず，税務職員等が納税者に対して誤った指導**を行い，納税者がその指導に従ったことにより過少申告となった場合で，かつ，**納税者がその指導を信じたことについてやむを得ないと認められる事情**があること。

　したがって，税務署の誤指導を信じたことについてやむを得ないと認められる場合には，正当な理由に該当するものと思われますが，相続税，贈与税に関する取扱いである「相続税，贈与税の過少申告加算税及び無申告加算税の取扱いについて（事務運営指針）」を含む，他の税目に関する事務運営指針では誤指導について記されていません。

　そうすると，このような取扱いが認められるのは所得税だけなのではないかとの疑問も生ずるところですが，法人税においても誤指導による正当な理由が容認された裁決事例（下記（2）①参照）があり，また，これと取扱いを異にする理由も特にないことから，他の税目においても，

200 第2部　税務調査への対応テクニックQ&A

同様の取扱いが認められるものと考えられます。

（2）判例・裁決事例

① 「正当な理由」が認められた事例

　次に，税務職員の誤指導に関する判決・裁決事例を紹介します。

　まずは，正当な理由が認められた事例として，上記の法人税における裁決事例です。

国税不服審判所平成元年8月28日裁決事例 ※要約

　宗教法人の税務調査において，請求人が「本件事業から生じる所得は非課税（法人税法施行令第5条第2項)」である旨申し立てたところ，**原処分庁の調査担当職員は，「その旨を記載した届出書を提出するよう指示」**したため，**請求人はこの指示に基づき届出書を提出し，以後確定申告書を提出しなかった。**

　これに対し，国税不服審判所は，「請求人が確定申告書の提出をしなかったことには**やむを得ない事由があったと認められ，このような事情の下で無申告加算税を課することは酷である」**として，正当な理由があったものと認め，無申告加算税の賦課決定の全部を取り消しました。

---

② 「正当な理由」が認められなかった事例

　一方，「正当な理由」は容易に認められるものではなく，「正当な理由」はないものとして否認された事例も多くあります。

奈良地方裁判所平成18年1月26日判決 ※要約

　納税者は申告が過少申告になったことについて，国税通則法第65条第4項第1号に規定する「正当な理由」があると主張しましたが，次の理由により「正当な理由」はあるということはできないと排斥されました。

　① 　納税者は土地の一般的な評価方法について相談したにとどまり，相談担当職員も**一般的な説明をしたにとどまった**ということができるこ

第2章　税務調査時（税務調査での対応テクニック）　**201**

と。

② 　納税者が**具体的な資料も提示していないこと。**

③ 　納税者が税金の計算方法についてある程度の理解があったと考えられること。

④ 　そもそも税務職員による相談は行政サービスであり，それに従うかは納税者の判断によるべきで，**本来，自己の判断と責任において申告すべきものであること。**

⑤ 　相談担当職員がことさら納税者を**誤指導したといった事情は認められないこと。**

　この事例は，②にもあるとおり，具体的な資料を提示していないということで，上記事務運営指針を鑑みても，「正当な理由」が認められないことは明らかであった事例であるといえます。

┌─**高松地方裁判所平成19年12月5日判決 ※要約**────────

　納税者は，夫から受けた土地建物の贈与につき，税務署から呼び出しを受け，贈与税の申告をしようとしたところ，本件土地建物のうち，田の固定資産税評価額や倍率が不明であったことから**いったん持ち帰ったあと**，再び税務署を訪れ，**税務職員の指導に従って贈与税の申告書を作成し，署名押印の上**，提出した。

　しかし，**建物の評価額や田の倍率に誤りがあったことにより**，その後更正処分を受けた。

　これについて，税務相談は相談者に対する行政サービスとして納税申告をする際の参考とするために，**税務署の一応の判断を示すものにすぎず，最終的にいかなる納税申告をすべきかは，納税義務者の判断と責任に任されているところ**，納税者は自ら申告内容を確認した上で**署名押印している**のであるから，自らの判断と責任において本件申告をしたものと認められると判断されました。

　またさらに，過少申告の原因は建物の評価額や田の倍率に誤りがあった

ことであるところ，**納税者はいったん持ち帰った後，再び税務署を訪問し申告をしていることから，正確な倍率等を調査する機会が与えられていたため，そもそも過少申告は税務職員の誤指導によるものではないとして全面的に排斥されました。**

この事例では，そもそも過少申告は税務職員の誤指導によるものではないとされていますが，その他，「税務相談は〜（中略）〜納税義務者の判断と責任に任されている」と判示しています。

この考え方は，他の裁判例や裁決事例でもよく引用される考え方ですので，それでもなお，過少申告加算税の賦課が不当または酷であると認められる必要がある点に注意が必要です。

◆**法的根拠**◆
- 国税通則法第65条第4項第1号
- 国税通則法第66条第5項
- 国税不服審判所平成元年8月28日裁決事例
- 奈良地方裁判所平成18年1月26日判決
- 高松地方裁判所平成19年12月5日判決

（参考）
- 申告所得税の過少申告加算税及び無申告加算税の取扱いについて（事務運営指針）

4 国税の予納制度

Q 現在税務調査の最中で、税額等も概ね確定しましたが、修正申告の勧奨には応じず、更正処分を受ける予定です。

しかし、こちら側も税務署の言い分に納得していないためか、税務署内でなかなか決裁が下りず、もう少し時間がかかるそうです。

また、今回の調査で、重加算税が課されてしまうこととなってしまったため、この部分については税務署の処理が遅れた分、延滞税が発生してしまいます。

税務署の処理が遅れたことで延滞税を払うのは納得がいきません。

何かよい方法はないでしょうか？

A 予納をすることをお勧めします。

解説

(1) 国税の予納制度（概要）

調査等により近日中に納付すべき税額の確定が見込まれる場合、修正申告書の提出や更正処分を受ける前であっても、その納付すべき税額の見込み金額をあらかじめ納付することができます（国通法59①）。

これを予納といいます。

予納をすると延滞税の計算が納付された日までとなる（国基通59-4）ため、それ以降の延滞税の計算期間を止めることができます。

204 第2部　税務調査への対応テクニックQ&A

（2）予納制度の詳細

①　予納できる国税

予納制度を定めた条文は，次のとおりです。

【国税通則法第59条】

（国税の予納額の還付の特例）

　　納税者は，**次に掲げる国税として納付する旨を税務署長に申し出て納付した金額があるとき**は，その還付を請求することができない。

一　納付すべき税額の確定した国税で，その納期が到来していないもの

二　**最近**において**納付すべき税額の確定することが確実**であると認められる国税

2　前項の規定に該当する納付があった場合において，その納付に係る国税の全部又は一部につき国税に関する法律の改正その他の理由によりその**納付の必要がないこととなったとき**は，その時に国税に係る**過誤納があったものとみなして**，前3条の規定を適用する。

　したがって，第1項第1号，第2号に掲げる事由が生じた国税について予納をすることができ，質問のケースは第2号に該当することとなります。

　また，この場合における「最近」とは，おおむね6月以内（平成30年度税制改正大綱に平成31年1月4日以後に納付手続を行う国税については，12月とする改正案が盛り込まれています。）をいいます（国基通59-1）。

②　延滞税の計算

　予納をした場合，上記のとおり延滞税の計算期間を止めることができ

第2章　税務調査時（税務調査での対応テクニック）　**205**

ますが，この取扱いは以下の通達で具体的に定められています。

【国税通則法基本通達 第59条関係 国税の予納額の還付の特例】

（予納した国税の延滞税等の終期）

4　**国税の予納をした場合**において，その国税に延滞税または利子税が
　課されるときは，その**延滞税または利子税の計算の終期は，予納をし
　た日とする。**

---

③　予納の還付

　予納をした税額は還付請求することができません（国通法59①）。た
だし，納付の必要がなくなった場合には，その時に過誤納があったもの
とみなして還付等が行われます（国通法59②）。

　この過誤納があったとみなされるのは，次のような場合です（国基通
59-2，59-3）。

（一）法律の改正により納付の必要がなくなった場合

（二）税務署長等の処分により減額された場合

（三）税額の確定手続が行われた場合，または，手続が行われないこ
　　　とが明らかとなった場合

（四）確定予定日を経過した場合（後日確定が確実なものを除く）

　したがって，万が一，予納した税額が過大であったとしても，その後，
修正申告や更正・決定処分等により税額が確定した場合等には，還付を
受けることができます。

【法的根拠】

• 国税通則法第59条

• 国税通則法基本通達第59条関係

---

206 第2部　税務調査への対応テクニックQ&A

⬛⬛⬛⬛ **コラム③** 　**法的根拠に基づかない対応テクニック** ⬛⬛⬛⬛⬛⬛⬛⬛

"エサ（資料）"を用意して時間稼ぎ

　相続税の税務調査は，通常午前10時にスタートし，お昼休憩1時間を挟み，概ね16時前後になれば終了です。よほど特別な事情がない限りは通常1日で終わります。

　相続税の税務調査を多く経験していると，雑談の中から申告漏れの財産が見つかるというような場面によく遭遇します。つまり，お決まりの質問（下の「税務調査の想定問答集」参照）をして，通帳や印鑑や貸金庫の確認などのお決まりの調査を一通り終えた後，"余った時間"で追加的に行う調査や雑談で申告漏れが発覚するケースがあるということです。

　相続税の税務調査において，税務職員にこの"余った時間"を作らせないことはひとつのテクニックです。例えば，被相続人の過去の通帳や日記，こういった情報量が多いものを大量に用意しておけば，これらを調査する時間で，この"余った時間"を作らせないことができます。

　もちろん，用意する資料は，事前に，見られてもまったく問題がないということを最低限確認しておく必要があることは言うまでもありません。

　彼ら税務職員は公務員ですので，"余った時間"がなければ，よほどのことがない限り，概ね16時前後になると税務調査は終了します。逆に時間が余ると，それまでは"やること"を増やしても調査を続ける傾向があるので注意が必要です。

〈資料〉税務調査の想定問答集

相続税の税務調査においては，次のような質問がよく聞かれます。

　　○ 相続財産をどのように築いたか（例：事業で成功，代々の相続でetc.)

　　○ 被相続人の出身地や職業，結婚の時期，趣味，月々の生活費など

　　○ 被相続人の日記の有無

　　○ 被相続人や相続人は貸金庫を持っていたか

　　○ 被相続人は政治家の後援会に入っていたか

○ 相続人と税理士との関係

○ 被相続人や相続人が取引のある金融機関と支店名

○ 相続税を納税した金融機関はどこか

○ 相続人の出身学校や職業，住まいなどについて

○ 相続人の自宅の購入金額や売却金額（過去に住んでいたものも含めて）

○ 相続人の家族（子ども，配偶者）の年齢や学校名，職業など

○ 被相続人の配偶者の財産状況

○ 被相続人の死亡直前の財産管理は誰が行っていたか

○ 被相続人が亡くなったときの状況（入院の有無・時期や病院名など）

○ 被相続人の介護や入院にかかった費用

○ 相続開始直前で引き出した現金の具体的な使い道

○ 通夜・葬儀の参列者に金融機関の関係者がいたか

【これらの質問の意図や目的】

① 相続財産として申告していない金融機関がないかどうかの確認

② 名義預金がないかどうかの確認

③ 相続人に対する資金の援助（贈与）がないかどうかの確認

④ 相続財産として申告していない手許現金がないかどうかの確認

⑤ 贈与の成立していない資金の流れがないかどうかの確認

第3章

税務調査後（税務調査後のテクニック）

1 再調査の要件，範囲

> **Q** 実地調査が終了し，「更正決定等をすべきと認められない」旨を通知する書面を受け取りましたが，今後は調査を受けることはないのでしょうか？

A 「更正決定等をすべきと認められない」旨を通知する書面を受け取った場合は，その時点で税務調査が法的に終了しますので，原則として再度の調査を実施することはありません。
　ただし，「新たに得られた情報に照らして非違があると認めるとき」には「再調査」が実施されることがあります。

 解説

（1）再調査とは

① 概　要

　実地調査を行い，いったん税務調査が終了した場合でも，その後「新たに得られた情報に照らし非違があると認めるとき」は，「再調査」を行うことが可能となります（国通法74の11⑥）。

第3章　税務調査後（税務調査後のテクニック）　**209**

【国税通則法第74条の11】

6　第1項の通知をした後又は第2項の調査（**実地の調査に限る。**）の結果につき納税義務者から修正申告書若しくは期限後申告書の提出若しくは源泉徴収による所得税の納付があった後若しくは更正決定等をした後においても，当該職員は，**新たに得られた情報に照らし非違があると認めるときは，**第74条の2から第74条の6まで（当該職員の質問検査権）の規定に基づき，当該通知を受け，又は修正申告書若しくは期限後申告書の提出若しくは源泉徴収による所得税の納付をし，若しくは更正決定等を受けた納税義務者に対し，質問検査等を行うことができる。

　したがって，再調査を行うためには，「新たに得られた情報に照らし非違があると認めるとき」が要件となりますが，これは，一度調査が行われていれば，その調査により当該年分の全体について確認が行われ，問題点があれば既に是正がされているはずであり，納税者の負担も考慮し，「新たに得られた情報に照らし非違があると認めるとき」でない限り再調査を行うべきではないとの考えに基づくものと考えられます。

②　再調査に該当するものとしないもの

（一）該当しないもの

　再調査とは，「同一納税義務者」に対する「同一税目」「同一課税期間」の調査（質問検査権の行使）のことをいいます。

　したがって，例えば金融機関などに対して行われる反面調査などは「同一納税義務者」に対する調査ではないため，再調査には該当しないこととなります。

　また，「同一課税期間」とは，法人税においては事業年度，消費税においては課税期間のことを指しますが，相続税の場合は，「一の被相続

人からの相続又は遺贈（死因贈与を含む。）」を一の課税期間として取り扱うこととされています（調査通3-2（2）イ）。

　したがって，例えば父親の相続に係る相続税の調査が行われた後の母親の相続に係る相続税の調査は，再調査に該当しません。

（二）該当するもの

　例えば更正の請求があった場合には，税務当局は「調査に基づき」更正処分（または，更正すべき理由がない旨の通知処分）を行うこととなりますが，その処分後にあらためて増額更正等を目的として行われる調査は，再調査に該当します（ただし前回調査が実地調査である場合に限られます。）。

　また，通常どおり実地調査等を行い，更正の請求をした後，不服申立てとしての再調査の請求（※旧異議申立て）が行われた場合も税務当局は調査を行うこととなりますが，この場合の調査も再調査に該当します。

　しかしながら，この場合の調査はその請求人のために行われるものであり，調査が必要なことは明らかであるから調査を行うことは可能であるとされています（FAQ職員4-50）。

　このFAQでは，その際，「新たに得られた情報に照らし非違があると認める」ことが必要であるかどうかは明示されていませんが，これがある場合は，再調査を行うことは当然に可能であることから，「新たに得られた情報に照らし非違があると認める」ことなしに再調査を行うことを想定している可能性があるのではないかと推察されます。

（2）新たに得られた情報に照らし非違があると認めるとき

① 新たに得られた情報とは

　「新たに得られた情報」とは，調査終了の通知や説明に係る国税の調査において質問検査等を行った調査担当職員が，通知または説明を行った時点において有していた情報以外の情報をいいます（調査通5-7）。

第3章　税務調査後（税務調査後のテクニック）　**211**

　具体的には，例えば次のようなものが想定されており，その情報収集手段について，特に制限は設けられていません。

- 調査終了後に提出された申告書や法定調書
- テレビ，インターネット，新聞等からの探聞資料
- 前回調査終了後に実施した反面調査・外観調査・内定調査など同一納税義務者に対する質問検査権の行使以外の調査により収集した資料
- 他の納税義務者に依頼した「お尋ね」等の回答内容
- 法令適用の判断について上級機関（国税局・国税庁）への照会に対する見解（結論を得るのに時間がかかるため，いったん調査を終了し，後日その見解が示された場合）

　その他，納税義務者固有の情報以外にも，例えば，社会的に新たな不正手口などの傾向が強くなった場合で，その納税義務者についても，同様の非違が疑われる場合なども含まれることとなります。

　また，「通知または説明を行った時点で有していた」かどうかは，税務当局全体で判断するのではなく，あくまでその調査担当職員が有していたかどうかで判断します。

　したがって，例えば，被相続人が株式を持っていた法人の税務調査により，法人課税部門（他部門）が収集した情報なども含まれることになります。

② **（新たに得られた情報に照らし）非違があると認めるときとは**

　「（新たに得られた情報に照らし）非違があると認めるとき」には，新たに得られた情報から非違があると直接的に認められる場合のほか，新たに得られた情報が直接的に非違に結びつかない場合であっても，新たに得られた情報とそれ以外の情報とを総合勘案した結果として非違があ

212 第2部　税務調査への対応テクニックQ&A

ると考えられる場合も含まれます（調査通5−8）。

③　再調査の理由の通知

　上記のとおり，再調査を行うためには，「新たに得られた情報に照らし非違があると認めるとき」が要件となりますが，法令上，これを納税者に対して説明する義務は規定されていません。

　運用上も，説明はしない方針のようですが，「特段の支障がない範囲で再調査をする内容を説明するなどして，納税者の理解と協力が得られるよう努める」（FAQ職員4−40）とされていますので，無予告調査の対応方法（詳細は，「第2部第1章4　無予告調査への対応」参照）と同様，調査官への牽制のため，再調査の理由は確認しておくとよいでしょう。

　しかしながら，税務当局も再調査の要件に該当するかについては準備調査の段階で「再調査の適否検討表」というチェックシートを用いて入念に検討した上，最終的に副署長（副署長がいない税務署は署長）の決裁を受けた上で再調査を実施します。

　また，要件に該当するかどうかの判断は，第一義的には調査官の判断にゆだねられており，また，仮に違法性が認められたとしても，その再調査に基づき行われた更正処分等まで無効とするのは，事実上困難であるため，仮に再調査の理由が確認できたとしても，あまり意味はないでしょう。

　したがって，この確認はあくまで牽制のための確認となります。

（3）前回調査は実地調査のみ（平成27年度税制改正）

　平成27年度税制改正により，前回調査が実地調査以外の方法で行われている場合には，新たに得られた情報がなくても再調査が可能となりました。

第3章　税務調査後（税務調査後のテクニック）　**213**

　上記改正については，平成27年4月1日以後に行う前回調査（同日前から調査が引き続き行われているものは除きます。）の終了後に行う再調査について適用されます。

　この改正により，例えば，納税者が提出した申告書に対して調査担当職員が実地調査以外の方法による調査を行った結果，納税者が修正申告書を提出した場合には，新たに得られた情報がなくとも実地調査を含む再調査が行われる可能性があります。

　それでは，「実地調査」と「実地以外の調査」にはどのような違いがあるのでしょうか。

　まず，「実地の調査」とは，国税の調査のうち，当該職員が納税義務者の支配・管理する場所（事業所等）等に臨場して質問検査等を行うものをいうとされています（調査通3-4）。

　つまり，相続税の調査の場合には，被相続人などの自宅に臨場して行うような調査のことです。

　一方，「実地以外の調査」とは，申告審理において「事後処理（実地の調査以外の調査）」，「実地調査」，「非課税」，「省略」の4区分のうち，「事後処理（実地の調査以外の調査）」に分類されたものが該当し，具体的には，「非違の内容が明らかで机上において処理することができるもの」となります。

　このような場合には，机上の作業のみで非違事項を特定し，電話等により修正申告の勧奨を行うこととなります。

　したがって，このようにして修正申告書が提出された後に，後日あらためて調査を行う場合は，「新たに得られた情報に照らし非違があると認めるとき」という要件は必要ないこととなります。

214 第2部　税務調査への対応テクニックQ&A

◆法的根拠◆

- 国税通則法第74条の11第6項
- 国税通則法第7章の2（国税の調査）関係通達の制定について（法令解釈通達）

（参考）

- 税務調査手続に関するFAQ（職員向け）

2 理由附記の不備による更正処分の取消し

Q 先日,相続税申告に関する税務調査があり,いくつか非違事項が見つかったため,更正処分がされました。

後日,更正通知書が送られてきましたが,理由の欄に「○○法○○条に該当しないため」という漠然とした理由しか書かれていませんでした。

私は,素人ながら申告も調査も1人で対応していたため,正直なぜ更正処分を受けたのかよく理解できておらず,これでは,専門家に相談して検証してもらうこともできませんし,こちらが素人だから適当な処理をされているのではないかと不安に感じます。

このような税務署の対応は許されるのでしょうか?

A 仮に更正処分が正しいものであったとしても,理由附記に不備があれば,その更正処分は違法となりますので,取り消すことができます。

解説

(1) 理由附記について

税務に限らず,行政が行う不利益処分に対しては,必ずその理由を示さなければならないことが法律で定められています(行手法14①)。

しかしながら,税務については,大量にかつ反復して行われる手続であり,かつ,納税という国民に対して金銭的不利益が生じるという特殊性があるため,行政手続法のような一般法ではなく,個別法にて規定すべきであるとして,この行政手続法の規定の適用が除外され,国税通則

法等の規定に基づき処理がされることとなっています。

　従来，その国税通則法等の規定では，理由附記を行うのは，青色申告承認申請の却下など，一定の場合に限られていましたが，平成25年1月1日からは，処分の適正化と納税者の予見可能性の確保の観点から，全ての申請に対する拒否処分や不利益処分について，理由附記が法律上義務化されました（詳細は，「第1部第2章2　平成23年12月の国税通則法の改正」参照）。

　したがって，ご質問のような相続税に関する更正処分についても法律上，理由附記をすることが必要となります。

　したがって，この目的に適合しない更正処分は，違法とされます。

（2）理由附記の程度について

　理由附記の趣旨は，行政庁の判断の慎重と合理性を担保してその恣意を抑制するとともに，処分理由を納税者に知らせてその後の不服申立てに便宜を与えることです。

　したがって，この目的に適合しない理由附記は違法となります。

　では，質問のケースのような，「○○法○○条に該当しないため」という漠然とした理由で，この趣旨を満たしているということはできるのでしょうか。

　これについて，各種判例や学説では，「特段の理由のない限り，いかなる事実関係に基づきいかなる法規を適用して当該処分がされたのかを，処分の相手方においてその記載自体から了知し得るものでなければならない」と解するのが相当という考え方が通説となっており，判例法理として確立された考え方であるということができます。

　したがって，質問のような「○○法○○条に該当しないため」という漠然とした理由のみの記載は認められず，具体的にどのような事実に基づいて，どのような理由からどのような認定をし，これをどのような理

第3章　税務調査後（税務調査後のテクニック）　**217**

由からどの法律に当てはめたのかを，個別具体的に記載しなければ，取消しの対象となることが十分に想定されます。

（3）理由附記の不備による取消しがされた後の再更正はあるのか？

　ここで，仮に更正処分の内容が正しかったとしても，理由附記の不備のみで処分が取り消された場合，その後税務署から理由を附記し直し，同じ内容で再更正をすることができるのかという疑問が生じます。

　これについては，判例や学説によると，「再更正可能」とする説が通説となっています。

　これは，理由附記の趣旨徹底のため，これに不備がある場合は取消しの対象となることは認めるものの，「租税負担の公平」という大原則に照らし，再更正を認めるという考え方です。

　「租税負担の公平」とは，同一の担税力を持つ者には，同額の税負担を求めるという考え方です。

　つまり，更正処分の内容自体は正しかったとすれば，その担税力に応じた課税がされているということになりますが，担税力とは関係のない理由附記の不備の有無により，課税される額が異なることは，この「租税負担の公平」に反するということです。

　この考え方は合理性のある考え方であると思われ，さらには，再更正を認めたとしても，その再更正の際に十分な理由附記がされているのであれば，行政庁の恣意性の排除等の趣旨は十分に達成されるものと考えられます。

　しかしながら，その再更正の時期によっては，納税者の更正の請求期間が徒過してしまうことも想定され，そのような場合には，不服申立ての便宜を図るという趣旨が達成されないのではないかと考えられます。

　反対に，更正処分が取り消された時点で，相続税の課税権の除斥期間

218　第2部　税務調査への対応テクニックQ&A

である5年が経過してしまっている場合には，税務当局側も再更正ができないということも想定されます。

　そこで，例えば除斥期間ギリギリで更正の請求をすれば，その後の再更正もなくて済むのではないか，との邪推も考えられるところですが，更正の請求をしても，納税者にとって不利な処分は，更正すべき理由がない旨の通知処分であるため，この処分が仮に理由附記の不備により取り消されたとしても税額は当初申告のままであり，特に意味はないものと考えられ，この点を悪用した納税者側からの積極的な対応方法は考えづらいものと思われます。

◆**法的根拠**◆
- 行政手続法第8条
- 行政手続法第14条第1項

3 審判所の裁決と課税庁への拘束

Q 先日,税務署長より更正処分を受けたため,国税不服審判所に対して審査請求を行ったところ,こちら側の主張が全面的に認められ,「全部取消し」となりました。
税務署側はこの裁決に納得していないようで,後日裁判に発展しないか不安です。
税務署が私を訴えるということはあるのでしょうか？

A 国税不服審判所が行った裁決に対して,税務署長等が訴訟を提起することはできませんので,訴訟に発展することはありません。

解説

(1) 裁決とは

　裁決とは,行政処分についての審査請求に対して行政庁の示す判断をいい,国税に関する法律に基づく処分についての審査請求に対する裁決は,担当審判官と参加審判官が合議により出した結論（「議決」といいます。）に基づき,国税不服審判所長が行うこととなります（国通法98）。
　また,一定の場合には審査請求に対する審理を経ずに却下裁決されます（国通法92）。

(2) 裁決の拘束力

　国税不服審判所長の裁決は税務署長等を拘束します（国通法102①）。
　よって,裁決によって原処分が全部または一部取消しとなった場合には,その処分を行った税務署長等は裁決に従って,その後の手続を行う

ことになります（国通法102②）。

なお，国税不服審判所は，税務署と同様，国税庁管轄の行政機関であり，国税不服審判所長が行った裁決は，行政機関の最終判断であるとされているため，原処分を行った税務署長等は，その裁決内容について不服があるものとして訴訟をすることはできません。

【国税通則法第102条】

（裁決の拘束力）

　裁決は，関係行政庁を拘束する。

2　申請若しくは請求に基づいてした処分が手続の違法若しくは不当を理由として裁決で取り消され，又は申請若しくは請求を却下し若しくは棄却した処分が裁決で取り消された場合には，当該処分に係る**行政機関の長は，裁決の趣旨に従い，改めて申請又は請求に対する処分をしなければならない。**

（第3項，第4項省略）

（3）公表裁決事例と非公表裁決事例

　国税不服審判所のHP上や裁決事例集（書籍）では，過去の裁決事例を調べてその内容を見ることができます。

　このような裁決事例を公表裁決事例といいます。

　どのような事例を公表するかについては，裁決結果の公表基準（事務運営指針）に次のとおり定められています。

【裁決結果の公表基準（事務運営指針）】

1　裁決結果の公表基準

　（1）納税者の適正な申告及び納税のために有用であり，かつ，**先例性があるもの**

第3章　税務調査後（税務調査後のテクニック）　**221**

　（2）適正な課税・徴収の実務に資するものであり，かつ，**先例性が
　　あるもの**
　（3）その他，納税者の正当な権利利益の救済等の観点から国税不服
　　審判所長が必要と認めたもの
　（注）例えば，次に掲げるものは，上記の基準に該当する。
　　○法令又は通達の解釈が**他の事案の処理上参考となるもの**
　　○事実認定が**他の事案の処理上参考となるもの**
　　○類似の事案が多く，争点についての判断が**他の事案の処理上参考
　　となるもの**
　　○取消事案等で納税者の主張が認められた事案で**先例となるもの**
　2　ただし，次に該当する場合には公表しない。
　（1）審査請求人等が特定されるおそれのあるもの
　（2）審査請求人等の営業上の秘密が漏れるおそれのあるもの
　（3）その他，審査請求人等の正当な権利利益を害するおそれのある
　　もの

　この事務運営指針から，公表裁決事例は，「先例性のあるもの」や
「他の事案の処理上参考となるもの」として公表されていることがわか
ります。
　また，この事務運営指針は，税務署に対して，「公表裁決事例に従っ
て処理をしなさい」という意味での拘束性はありませんが，「合法性の
原則」や「租税負担公平の原則」に従って処理がされるべきことを念頭
に考えると，他の判例と同様，「先例性のあるもの」として尊重される
べきものであり，税務当局への反論の法的根拠としても十分に効力のあ
るものであると考えられます。
　これに対して，公表裁決事例とならなかった事例（以下，「非公表裁
決事例」といいます。）は，この先例性が公表裁決事例と比べて劣るも
のである場合があり，反論の根拠として有用性は劣る面があることは否

222 第2部　税務調査への対応テクニックQ&A

めません。

　しかしながら，非公表裁決事例とされた理由は，先例性が劣るというだけでなく，上記事務運営指針の2にあるとおり，請求人の情報が漏れるなど，請求人に配慮した理由による場合もあるため，非公表裁決事例であるからと言って，必ずしも反論の根拠とならないわけではありません。

　なお，上記のとおり，「裁決は，関係行政庁を拘束する（国通法102①）」と規定されていますが，この規定は，あくまで，事案に関して，その裁決どおりに処理しなければならず，かつ，同じ理由で再更正等をしてはならないという意味で拘束されているにすぎません。

　したがって，その後の他の事案に関してまで，拘束することを法定化したものではありませんので，この規定を根拠に反論することはできません。

　あくまで，裁決事例が反論根拠となるのは，先例性があるためですのでご注意ください。

◆法的根拠◆

・国税通則法第102条

（参考）

・裁決結果の公表基準について（事務運営指針）

4 不服申立てと不利益変更の禁止

> **Q** 税務調査で，いくつか非違事項が見つかり更正処分を受けましたが，これに不服があるため，国税不服審判所に審査請求をしようと考えています。
> しかし，税務調査では，更正処分で実際に否認された事項以外にもお互いの見解に相違があったものが多数あり，審査請求でそのことが蒸し返され，反対に税額が増えてしまわないか不安なのですが，このようなことはあるのでしょうか？

A 審査請求においては，請求人にとって不利益となるような処分の変更は禁止されていますので，仮に正しく計算すると税額が増えてしまうことが判明した場合であっても，増額更正となるような裁決はされず，棄却となるだけですので，基本的には安心して審査請求をすることができます。

しかし，棄却された場合，法的には税務当局側が後日再更正をすることは可能です。

解説

(1) 職権探知主義・総額主義と争点主義的運営

国税不服審判所で審理，裁決をする際，職権探知主義および総額主義という考え方が採用されています。

① 職権探知主義

職権探知主義とは，当事者が主張しない事項でも裁決の根拠とするこ

224 第2部　税務調査への対応テクニックQ&A

とができるという考え方です。

　そのため，担当審判官は，審査に必要があるときは，職権等により質問検査を行うことができる（国通法97）とされています。

　これは，弁論主義（当事者が提出した証拠以外は判決の基礎とすることができない考え方）が採用されている訴訟と大きく異なる点です。

② 総額主義

　総額主義とは，裁決における原処分の当否は，最終的に争点となった個別の論点ではなく，税額の総額で判断されるという考え方です。

　審査請求において，原処分が適法か違法かを判断する際，争点となっている事項の当否で判断するのか，それとも，他の理由も含めて最終的に計算した税額の総額が，当初申告を上回っているかどうかで判断するのかという問題があります。

　これについて，総額主義では，後者の考え方が採用されることとなります（前者の考え方は，争点主義といいます。）。

　つまり，総額主義の考え方によれば，例えば広大地の適用の可否が争われた場合，たとえ広大地の適用が認められたとしても，担当審判官が職権で調査した，争点外の事項を合わせて計算した相続税額が当初申告を超えている場合には，原処分は適法であると判断されます。

③ 争点主義的運営

　このような考え方に立つと，国税不服審判所の担当審判官は，究極的には，その税額を確定させるために必要なすべての事項について調査をしなければならないことになります。

　しかしながら，大量かつ反復して発生する国税に関する審査請求についてそのような処理方法を採ることは，国税不服審判所の処理能力と責任を超えるものであると言わざるを得ず，これらを迅速に処理していく

第3章　税務調査後（税務調査後のテクニック）　**225**

ことで国民の救済を図る必要があります。

　そこで採用されている考え方が，争点主義的運営というものです。

　この考え方は，まず審査請求人および原処分庁の主張を整理することで争点となる事項を明確にし，この争点に主眼を置いた調査・審理を行うという考え方です。

　したがって，国税不服審判所は，基本的にはこの争点主義的運営により，争点に主眼を置いた調査・審理を行うものの，職権探知主義により，当事者が主張しない事実についても裁決の基礎とすることができ，必要に応じて職権等により調査をすることで，最終的に総額主義の考え方に基づき税額の総額により裁決を行うこととなります。

（2）不利益変更の禁止

　この考え方に基づいて審査を行った場合，上記のとおり，担当審判官が職権により調査した争点外の事項により，当初申告よりも税額が増加することが考えられます。

　つまり，質問のケースのように，審査請求をすることによって，反対に納税者が不利益を被るという状況です。

　しかしながら，不服申立制度は納税者の権利救済制度であり，このような不利益を被る可能性があっては，納税者が安心して利用することができず，その機能が十分に発揮されないこととなります。

　したがって，このような事態を回避するために，不服申立制度には不利益変更の禁止という考え方が採られています。

　この考え方は，国税不服審判所長に対する審査請求だけではなく，税務署長等に対する再調査の請求においても認められており，次のように法律で定められています。

226 第2部 税務調査への対応テクニックQ&A

> 【国税通則法第83条第3項】
> 　再調査の請求が理由がある場合には，再調査審理庁は，決定で，当該再調査の請求に係る処分の全部若しくは一部を取り消し，又はこれを変更する。ただし，**再調査の請求人の不利益に当該処分を変更することはできない。**

> 【国税通則法第98条第3項】
> 　審査請求が理由がある場合には，国税不服審判所長は，裁決で，当該審査請求に係る処分の全部若しくは一部を取り消し，又はこれを変更する。ただし，**審査請求人の不利益に当該処分を変更することはできない。**

（3）税務当局による再更正（裁決の拘束力）

　上記のとおり，再調査の請求，審査請求のいずれにおいても不利益変更が禁止されていますが，審査請求が棄却されたあと，税務当局により再更正がされることまでは，否定されていません。

　詳しくは前項で解説したとおりですが，国税不服審判所長が行う裁決には，課税庁を拘束する力があります（国通法102①）。

　したがって，原処分が裁決により「取り消された場合」には，原処分庁は，その裁決に従って処理をしなければならず（国通法102②），同じ理由による再更正も認められません。

　しかしながら，この取扱いは，あくまで裁決が「取消し」であった場合に適用されるものです。

　これに対して，総額主義に基づき計算された税額が，当初申告額を超える場合に行われる裁決は，「棄却」ですので，この規定の対象外，つまり裁決が原処分庁を拘束することはなく，法律上，再更正の可能性が考えられるということになりますので，注意が必要です。

第3章　税務調査後（税務調査後のテクニック）　**227**

◆**法的根拠**◆

- 国税通則法第83条第3項
- 国税通則法第98条第3項
- 国税通則法第97条
- 国税通則法第102条第1項，第2項

5 加算税のみの不服申立て

 先日,税務調査で否認された事項につき修正申告書を提出しました。

その際,重加算税を賦課されてしまったのですが,私としては隠蔽・仮装などした覚えはなく,重加算税の賦課には納得できません。

修正申告の際,「修正申告をした場合は不服申立てはできません」と説明を受けたのですが,あきらめるしかないのでしょうか?

 修正申告書を提出した場合,本税部分については不服申立てをすることはできませんが,加算税の賦課に対しては可能です。

不服申立ての根拠となる規定は以下のとおりです。

【国税通則法第75条第1項】
　国税に関する法律に基づく処分で次の各号に掲げるものに不服がある者は,当該各号に定める不服申立てをすることができる。
一　**税務署長**,国税局長又は税関長がした**処分**(次項に規定する処分を除く。)　次に掲げる不服申立てのうちその処分に不服がある者の選択するいずれかの不服申立て
　イ　その処分をした税務署長,国税局長又は税関長に対する**再調査の請求**
　ロ　国税不服審判所長に対する**審査請求**

つまり,基本的に税務署長等がした「処分(行政処分)」であれば,

第3章　税務調査後（税務調査後のテクニック）　**229**

不服申立てをすることが可能なのです。

したがって，修正申告は納税者の自主的な申告によるものなので税務署長等がした処分に該当せず，不服申立ての対象となりませんが，重加算税の賦課決定は「処分」に該当するため，不服申立てをすることができます。

また，今回のように修正申告の勧奨に基づき修正申告書を提出する場合には，ご質問のケースのように「不服申立てをすることはできないが，更正の請求をすることができる」旨の説明を受け，その教示文を交付されることになりますが，その更正の請求をした後，更正すべき理由がない旨の通知処分を受けた場合には，この通知処分に対して不服申立てをすることが可能です。

また，今回のケースは重加算税に関するケースですが，過少申告加算税や無申告加算税についても，「処分」であることに変わりありませんので，同様に不服申立てをすることが可能です。

◆法的根拠◆
- 国税通則法第75条第1項

230　第2部　税務調査への対応テクニックQ&A

6　更正の請求期間を徒過した後でも税金を取り戻せる?

Q 　Aの父Bは,多額の借金があるため,万が一返済できなかっ
た場合に備えて,自宅の土地建物の名義を無断で長男である
Aの名義に所有権移転登記を行い,さらにAに無断で贈与税の申
告書を提出しました。

　ただし,贈与契約書などは一切作成しておらず,Aは申告書の
提出はおろか,所有権移転登記の事実さえも知らないため,実際
は贈与は成立しておらず,あくまで,借金が返済できなかった場
合の差押えなどに備えるために,形式的に名義を変更したにすぎ
ません。

　そのため,Bは借金を完済したのちに,税務署へ贈与の事実が
ないことを伝えれば,贈与税は返してもらえると軽く考えていま
した。

　10年後,実際に借金を完済したため,納めた贈与税を返しても
らおうと税務署に相談したところ,更正の請求期間を徒過してい
るため還付はできませんと言われてしまいました。

　何か救済措置はないのでしょうか?

A 　更正の請求期間を徒過してしまった場合,基本的に救済措置はあ
りません。

　しかしながら,今回のケースで納税義務者であるAは,この申告書の
提出に一切関与しておらず,その事実すら知らない状況ですので,この
ような場合は,更正の請求という手続によらずに,還付される可能性が
あります。

第3章　税務調査後（税務調査後のテクニック）　**231**

📖 **解説**

（1）更正の請求期間徒過後の還付について

　今回のケースでは，贈与が成立していないため，贈与税の納税義務が発生していないことは明らかです。

　しかしながら，更正の請求期間が既に徒過してしまっているため，当然，更正の請求をすることはできません。

　このように，明らかに納税義務が発生していないにもかかわらず，更正の請求期間が徒過してしまっているだけで，本当に納めた税金は還付されないのでしょうか。

　この点について，最高裁では，以下のとおり判示しています。

> ─ **最高裁判所第一小法廷昭和39年10月22日判決** ─
>
> 　そもそも所得税法が右のごとく，申告納税制度を採用し，確定申告書記載事項の過誤の是正につき特別の規定を設けた所以は，所得税の課税標準等の決定については最もその間の事情に通じている納税義務者自身の申告に基づくものとし，**その過誤の是正は法律が特に認めた場合に限る建前と**することが，**租税債務を可及的速かに確定せしむべき国家財政上の要請に応ずるものであり，納税義務者に対しても過当な不利益を強いる虞れがない**と認めたからにほかならない。従って，確定申告書の記載内容の過誤の是正については，**その錯誤が客観的に明白且つ重大であって，前記所得税法の定めた方法以外にその是正を許さないならば，納税義務者の利益を著しく害すると認められる特段の事情がある場合**でなければ，所論のように法定の方法によらないで記載内容の錯誤を主張することは，許されないものといわなければならない。

　つまり，この判決では，「特段の事情」がない限りは，法定された更正の請求という手続以外で，是正することは許されないとしており，こ

232 第2部　税務調査への対応テクニックQ&A

れは，納税者にとって過当な不利益ではないと判示しています。

　つまり，原則として更正の請求以外の救済措置はないということです。

　この考え方はその後の裁判でも多数引用されており，判例法理として確立されているということができ，また，学説上も特に異論はなく通説となっている考え方です。

（2）「特段の事情」がある場合とは

　それでは，その「特段の事情」とは，具体的にどのように判定されるのでしょうか。

　いくつか事例を紹介したいと思います。

①　「特段の事情」がある場合

最高裁判所第一小法廷昭和48年4月26日判決（差戻し）

（事案の概要）

- 納税者と親戚関係にあったAは第三者や納税者に対し多額の債務があったため，自己の所有する自宅不動産を，**納税者に無断で，納税者名義に所有権移転登記**をした。
- その後Aは，自己の債務を返済するため**納税者に無断で当該不動産を売却しその売却代金を受領**した。
- その際，Aは納税者名義の印鑑を無断で購入し，印鑑登録をした。
- 税務署は，主として登記簿の記載に依拠しつつ，上記不動産の買受人に対する反面調査をした上で，納税者に税務署への来署を求めたがこれに応じなかったため，譲渡所得の税額を通知した上で，決定処分を行った。
- 納税者は，この決定処分について，**法定の期間内に適法な異議申立て**をしていない（上記，税務署からの来署依頼に応じ，その際に，贈与の事実はない旨の説明をしたという証言もあるが，積極的に証拠としては採用されていない。）。

第3章　税務調査後（税務調査後のテクニック）　**233**

（判断）

- 行政上または司法上の救済手続のいずれにおいても，その不服申立てについては法定期間の遵守が要求され，その**所定期間を徒過した後においては，もはや当該処分の内容上の過誤を理由としてその効力を争うことはできない**ものとされている。

- 当該処分における**内容上の過誤が課税要件の根幹**についてのそれであって，徴税行政の安定とその円滑な運営の要請を斟酌してもなお，**不服申立期間の徒過による不可争的効果の発生を理由として納税者に右処分による不利益を甘受させることが，著しく不当**と認められるような例外的な事情のある場合には，前記の過誤による瑕疵は，**当該処分を当然無効ならしめる**ものと解するのが相当である。

- 本件所有権移転登記，売却はAが**納税者に無断で行ったことであり，その**売却代金もAが受領していることから，**納税者に譲渡所得は発生しておらず，課税要件の根幹についての重大な過誤をおかした瑕疵を帯有する**ものといわなければならない。

- 納税者は，いわば**全くの不知の間に第三者がほしいままにした登記操作によって，突如として譲渡所得による課税処分を受けたことになるわけ**であり，かかる納税者に前記の瑕疵ある課税処分の不可争的効果による不利益を甘受させることは，たとえば，納税者が上記のような各登記の経由過程について完全に無関係とはいえず，**事後において明示または黙示的にこれを容認していたとか，または右の表見的権利関係に基づいて何らかの特別の利益を享受していた等の，特段の事情がないかぎり，納税者に対して著しく酷である**と言わなければならない。

- 当該処分の表見上の効力を覆滅することによって徴税行政上格別の支障・障害をもたらすとも言い難いのであって，彼此総合して考察すれば，原審認定の事実関係のみを前提とするかぎり，本件は，課税処分に対する通常の救済制度につき定められた**不服申立期間の徒過による不可争的効果を理由として，なんら責むべき事情のない上告人らに前期処分による不利益を甘受させることが著しく不当と認められるような例外的事情**

のある場合に該当する。

（注）その後，東京高等裁判所にて差戻し審が行われ，上記と同様の判断が下されています（この差戻し審で新たに審議された事実については，その法的評価について非常に疑問があり，下記②の判例と照らしても，本来であれば，救済措置は取られるべきではなかった事案ではないかと思慮されます。）。

　この判例では，更正の請求期間（この事案では不服申立期間）徒過後の救済措置について，その判定の指針となる考え方が次のとおり示されています。

（一）内容上の過誤が課税要件の根幹に関するものであること

　これはつまり，課税処分の取消しの根拠が，例えば相続または遺贈により財産を取得していないなど，課税要件の根幹であることが必要であるということです。

　したがって，単なる評価誤りなどである場合は，認められない可能性が高いといえます。

（二）徴税行政の安定とその円滑な運営の要請を斟酌

　そもそも更正の請求や不服申立期間について期間制限があるのは，租税債権の早期確定による法的安定性や国家財政上の要請であるというのが一般的な考え方です。

　すなわち，合法性の原則によれば，このような期間制限は設けず，法律の規定に従って正しい税額で課税がされるべきですが，無制限に是正の機会を与えてしまうと，いつまでも税額が確定せず不安定な状況が続くことになるため，好ましくないということです。

　したがって，このような期間制限が設けられている趣旨とも比較したうえで，救済すべきかどうかを判断すべきという考え方であるものと思われます。

第3章　税務調査後（税務調査後のテクニック）　**235**

（三）　納税者に不利益を甘受させることが著しく不当であること

　これは，上記（一）（二）を包含している，すなわち，著しく不当というためには，最低限，「課税要件の根幹」であることが必要であり，さらに「期間制限が設けられている趣旨と比較」した上で判断すべきであるということができますが，この判例では，さらに具体的に，登記・譲渡・申告のいずれも納税者が不知であり，かつ，その後，明示または黙示的に容認したとか，何かしらの特別の利益を享受していた等の特段の事情がないことを根拠としています。

　他人が勝手に行った申告であっても，これを納税者が知っていた場合には，更正の請求期間中に必要な法的手続をとることも可能であるなか，何もしなかった者に対してまで救済措置をとる必要はないという考え方であるものと思われます。

　また，例えば，この判例のケースで，売却した際の譲渡代金を納税者が受け取っていたなどの事実がある場合には，譲渡所得が発生していなかったとしても，担税力があるものと考えられるため，課税されることが「著しく不当」であるとまでは言えないものと考えられます。

　したがって，「特別の利益を享受」していた場合も，救済措置はとられないこととなります。

②　「特段の事情」がない場合

　次に，「特段の事情」がなく，救済措置が認められなかった事例を紹介します。

┌─ **東京高等裁判所平成19年9月29日判決（上告不受理・確定）** ─
│（事案の概要）
│・祖父母から納税者へ贈与を原因とする土地の所有権移転登記があった。
│・税務署からの連絡により，納税者の父が申告書を提出したが納税はされず滞納状態となった。

236 第2部 税務調査への対応テクニックQ&A

- 申告の際，父は納税者の代理人であるとして手続を行っているが，当時，税務署の職員は代理権の有無や納税者の申告の意思の有無の確認は行っていない。
- その後，その土地が差し押さえられ，競売にかけられた。
- 競売にかけられた土地のうち1つを納税者の夫が落札した。
- **この間，納税者は祖父母からの土地の持ち分贈与は無効であるなどの主張は一切行っていない。**

（判断）

- 納税者は，贈与税の申告後，所轄税務署長から贈与税等の滞納に関する多くの書類を受け取り，裁判所からの本件土地の競売に関する種々の書類も受け取っているのに，**本件訴訟提起までの14年間に異議を申し出ていないことなどの諸事情に照らせば，納税者としても祖父母からの本件土地の持分贈与については無効であるとして否定することなく，これを容認していたものというのが相当である**という事情に照らせば，**本件においては更正の請求等特別の法定手続以外の方法による申告書の内容の変更を許さないことが納税義務者である納税者の利益を著しく害すると認められる特段の事情があるとは認められないから**，本件各贈与の不存在を主張することはできない。
- 本件贈与税に係る申告手続を行った納税者の父は，納税者から委任を受け，**その代理人として納税者名義の申告を行ったものと認めるのが相当**であり，**仮に，代理権の授与がなかったとしても**，納税者は父により納税者名義の申告がされたことを知り，これを**追認したものと認めるのが相当**。

　この判決では，贈与の事実の存否については明確に判断していませんが，滞納や競売に関する書類の受取りにより，贈与税の申告がされたことを認識できる状況のなか，贈与の事実について何ら異議を申し出ていないことが，少なくとも更正の請求以外の手続により救済すべき「特段

第3章　税務調査後（税務調査後のテクニック）　**237**

の事情」はないと判断された形となります。

　これは，上記①（三）でいう，「黙示的に容認」したということができます。

　また，申告書が納税者の意思に基づき提出されたものかどうかについても追加，補足的に判断されており，これについては代理権があったか，仮になかったとしても，その無権代理行為について追認※したものと認めるのが相当と判断しています。

　判決文には明示されていませんが，この判断についても，納税者本人が何らの異議を申し出ていないという事実が影響しているものと思われます。

　したがって，申告自体は本人が行っていない場合でも，その事実を知った上で，何の主張もしていない場合は，上記①（三）でいう「黙示的に容認」や無権代理行為の追認であると認定される可能性が高く，この場合には，救済措置はとられないこととなります。

※無権代理行為は，原則として本人に対して無効となりますが，本人が追認（あとから容認）したときは，有効となります。

◆法的根拠◆
- 最高裁判所第一小法廷昭和39年10月22日判決
- 最高裁判所第一小法廷昭和48年4月26日判決（差戻し）
- 東京高等裁判所平成19年9月29日判決（上告不受理・確定）

◆執筆者紹介◆

福留 正明（ふくとめ・まさあき）税理士法人チェスター代表　税理士・公認会計士・行政書士

荒巻 善宏（あらまき・よしひろ）税理士法人チェスター代表　税理士・公認会計士・行政書士

伊原 慶（いはら・けい）大阪事務所代表　税理士

清水 真枝（しみず・まさえ）横浜事務所代表　税理士

山岡 通長（やまおか・みちなが）名古屋事務所代表　税理士・不動産鑑定士

高橋 貴輝（たかはし・たかてる）審査部所属

山本 隆正（やまもと・たかまさ）税理士

渋井 拓（しぶい・たく）税理士

森田 亘（もりた・わたる）税理士

石塚 崇貴（いしづか・たかき）税理士・公認会計士

平根 慶幸（ひらね・よしゆき）税理士

河越 諒（かわごえ・りょう）

秋葉 靖文（あきば・やすふみ）

◆編者紹介◆

税理士法人チェスター

相続税申告を専門に取り扱う税理士法人で，相続税申告案件は年間1,000件以上，累計で3,000件を超える税理士業界トップクラスの実績を誇る。一般向けや専門家向けの相続関連セミナーを多数行い，相続に関する相談全般に対応している。また，ネット上でも幅広く活動している。

低価格で，スピーディーに質の高い相続税申告を行うスタイルは，業界でも高く評価されており，専門家からの相談も多数対応している。

- ホームページ：https://chester-tax.com/
- 税理士・公認会計士向け支援ページ：https://chester-tax.com/support.html

【主著】

『相続はこうしてやりなさい』（ダイヤモンド社，2010年9月）

『「華麗なる一族」から学ぶ相続の基礎知識』（亜紀書房，2011年9月）

『新版　相続はこうしてやりなさい』（ダイヤモンド社，2013年5月）

『ストーリーでわかる！　今までで一番やさしい相続の本』（ダイヤモンド社，2014年8月）

『オーナー経営者のための事業承継「決定版」』（パブラボ，2014年11月）

『税理士が本当に知りたい 生前贈与相談〔頻出〕ケーススタディ』（清文社，2015年3月）

『相続実務における雑種地評価』（清文社，2016年2月）

『相続発生後でも間に合う 土地評価減テクニック』（中央経済社，2016年6月）

『海外財産・海外居住者をめぐる相続税の実務』（清文社，2017年6月）

そのほか，「日本経済新聞」「週刊文春」「AERA」などの取材多数。

税務署もうなずく

相続税の税務調査対応テクニック

2018年5月10日　第1版第1刷発行

編　者	税理士法人チェスター
発行者	山　本　　　継
発行所	㈱中央経済社
発売元	㈱中央経済グループ パブリッシング

〒101-0051　東京都千代田区神田神保町1-31-2
電話　03 (3293) 3371(編集代表)
　　　03 (3293) 3381(営業代表)
http://www.chuokeizai.co.jp/
印刷／三英印刷㈱
製本／㈲井上製本所

©2018
Printed in Japan

＊頁の「欠落」や「順序違い」などがありましたらお取り替えいたしますので発売元までご送付ください。（送料小社負担）

ISBN978-4-502-26391-0　C3034

JCOPY〈出版者著作権管理機構委託出版物〉本書を無断で複写複製（コピー）することは，著作権法上の例外を除き，禁じられています。本書をコピーされる場合は事前に出版者著作権管理機構（JCOPY）の許諾を受けてください。

JCOPY〈http://www.jcopy.or.jp　eメール：info@jcopy.or.jp　電話：03-3513-6969〉

● 実務・受験に愛用されている読みやすく正確な内容のロングセラー！

定評ある税の法規・通達集 シリーズ

所得税法規集
日本税理士会連合会 編
中央経済社

❶所得税法　❷同施行令・同施行規則・同関係告示　❸租税特別措置法（抄）　❹同施行令・同施行規則（抄）　❺震災特例法・同施行令・同施行規則（抄）　❻復興財源確保法（抄）　❼復興特別所得税に関する政令・同省令　❽災害減免法・同施行令（抄）　❾国外送金等調書提出法・同施行令・同施行規則・同関係告示

所得税取扱通達集
日本税理士会連合会 編
中央経済社

❶所得税取扱通達（基本通達／個別通達）　❷租税特別措置法関係通達　❸国外送金等調書提出法関係通達　❹災害減免法関係通達　❺震災特例法関係通達　❻索引

法人税法規集
日本税理士会連合会 編
中央経済社

❶法人税法　❷同施行令・同施行規則・法人税申告書一覧表　❸減価償却耐用年数省令　❹法人税法関係告示　❺地方法人税法・同施行令・同施行規則　❻租税特別措置法（抄）　❼同施行令・同施行規則・同関係告示　❽震災特例法・同施行令・同施行規則（抄）　❾復興財源確保法（抄）　❿復興特別法人税に関する政令・同省令　⓫租特透明化法・同施行令・同施行規則

法人税取扱通達集
日本税理士会連合会 編
中央経済社

❶法人税取扱通達（基本通達／個別通達）　❷租税特別措置法関係通達（法人税編）　❸連結納税基本通達　❹租税特別措置法関係通達（連結納税編）　❺減価償却耐用年数省令　❻機械装置の細目と個別年数　❼耐用年数の適用等に関する取扱通達　❽震災特例法関係通達　❾復興特別法人税関係通達　❿索引

相続税法規通達集
日本税理士会連合会 編
中央経済社

❶相続税法　❷同施行令・同施行規則・同関係告示　❸土地評価審議会令・同省令　❹相続税法基本通達　❺財産評価基本通達　❻相続税法関係個別通達　❼租税特別措置法　❽同施行令・同施行規則（抄）・同関係告示　❾租税特別措置法（相続税法の特例）関係通達　❿震災特例法・同施行令・同施行規則（抄）・同関係告示　⓫震災特例法関係通達　⓬災害減免法・同施行令（抄）　⓭国外送金等調書提出法・同施行令・同施行規則・同関係通達　⓮民法（抄）

国税通則・徴収法規集
日本税理士会連合会 編
中央経済社

❶国税通則法　❷同施行令・同施行規則・同関係告示　❸同関係通達　❹租税特別措置法・同施行令・同施行規則（抄）　❺国税徴収法　❻同施行令・同施行規則　❼滞調法・同施行令・同施行規則　❽税理士法・同施行令・同施行規則・同関係告示　❾電子帳簿保存法・同施行令・同施行規則・同関係告示・同関係通達　❿行政手続オンライン化法・国税関係法令に関する省令・同関係告示　⓫行政手続法　⓬行政不服審査法　⓭行政事件訴訟法（抄）　⓮組織的犯罪処罰法（抄）　⓯没収保全と滞納処分との調整令　⓰犯罪収益規則（抄）　⓱麻薬特例法（抄）

消費税法規通達集
日本税理士会連合会 編
中央経済社

❶消費税法　❷別表第三等に関する法令　❸同施行令・同施行規則・同関係告示　❹消費税法基本通達　❺消費税申告書様式等　❻消費税法等関係取扱通達等　❼租税特別措置法（抄）　❽同施行令・同施行規則（抄）・同関係通達　❾消費税転嫁対策法・同ガイドライン　❿震災特例法・同施行令（抄）・同関係告示　⓫震災特例法関係通達　⓬税制改革法等　⓭地方税法（抄）　⓮同施行令・同施行規則（抄）　⓯所得税・法人税政省令（抄）　⓰輸徴法令　⓱関税法令（抄）　⓲関税定率法令（抄）

登録免許税・印紙税法規集
日本税理士会連合会 編
中央経済社

❶登録免許税法　❷同施行令・同施行規則　❸租税特別措置法・同施行令・同施行規則（抄）　❹震災特例法・同施行令・同施行規則（抄）　❺印紙税法　❻同施行令・同施行規則　❼印紙税法基本通達　❽租税特別措置法・同施行令・同施行規則（抄）　❾印紙税額一覧表　❿震災特例法・同施行令・同施行規則（抄）　⓫震災特例法関係通達等

中央経済社

大増税時代、相続税を知らずに税理士業務ができますか？

税理士のための
相続税の実務Q&Aシリーズ

税率引上げ・基礎控除引下げにより、注目を集めている相続税について、税理士が実務の問題点を理解する。

相続税・贈与税のアウトライン

田中　一 著　　A5判・216頁　定価2,592円（税込）

■相続税・贈与税の概要を網羅的にQ&A方式で解説。

小規模宅地等の特例

白井一馬 著　　A5判・212頁　定価2,592円（税込）

■小規模宅地特例の判定のポイントをQ&Aで解説。

土地等の評価

樋沢武司 著　　A5判・288頁　定価3,240円（税込）

■土地・建物等の評価方法についてQ&A方式で解説。

株式の評価

税理士法人日本税務総研 編著
　　　　　　　　A5判・240頁　定価2,808円（税込）

■上場・非上場株の評価方法についてQ&A方式で解説。

贈与税の各種特例

飯塚美幸 著　　A5判・272頁　定価3,240円（税込）

■住宅取得、教育資金等の贈与特例をQ&A方式で解説。

事業承継対策

宮森俊樹・寺内正夫・矢野重明 著
　　　　　　　　A5判・312頁　定価3,672円（税込）

■事業承継対策の計画や納税猶予制度等をQ&Aで解説。

中央経済社

申告書からみた税務調査対策シリーズ
日本税理士会連合会 編

> 税務調査で問題になりやすい項目・絶対に押さえるべき申告書のチェックポイントを網羅。
> これだけは！という「鉄則」を解説。

法人税の鉄則50
濱田康宏・岡野　訓・内藤忠大・白井一馬・村木慎吾 著
A5判・232頁　定価2,700円（税込）

■中小企業でも最低限理解しておく必要がある法人税の基本中の基本を網羅。

国際税務の鉄則30
村木慎吾・山本祥嗣 著　　A5判・194頁　定価2,160円（税込）

■国外取引や海外進出にあたって必要不可欠な国際税務の要点を紹介。

連結納税の鉄則30
村木慎吾・石井幸子 著　　A5判・188頁　定価2,160円（税込）

■連結納税適用会社または適用予定の会社に不可欠な税制の要点を紹介。

再編税制の鉄則30
村木慎吾・岡野　訓 著　　A5判・180頁　定価2,160円（税込）

■組織再編の実施の際、理解しておく必要がある税制と実務の要点を紹介。

消費税の鉄則30
内藤忠大・石井幸子 著　　A5判・188頁　定価2,160円（税込）

■法人税とともに重要な消費税について最低限理解する必要がある項目を紹介。

相続税の鉄則50
白井一馬・岡野　訓・佐々木克典 著
A5判・240頁　定価2,916円（税込）

■事業承継にもかかわる相続税について最低限理解する必要がある項目を紹介。

中央経済社